한눈에 보는
성경 인물, 지리, 사건

THE MOST SIGNIFICANT PEOPLE, PLACES, AND EVENTS IN THE BIBLE

크리스토퍼 D. 허드슨 지음 | 이기연 옮김

신한경지기

한눈에 보는
성경 인물, 지리, 사건

1쇄 발행 2016년 7월 20일

6쇄 발행 2024년 5월 30일

지은이 크리스토퍼 D. 허드슨
옮긴이 이기연

펴낸이 한정숙
펴낸곳 선한청지기
등 록 제313-2003-000358호
주 소 서울특별시 마포구 동교로12길 41-13(서교동)
전 화 02)322-2434 (대표)
팩 스 02)322-2083
SNS https://www.instagram.com/good.steward_book
이메일 kukminpub@hanmail.net

편집 임여진, 한수정
표지 디자인 최치영 | **내지 디자인** 〈이가상상〉 이재구
마케팅 김종헌

ⓒ 크리스토퍼 D. 허드슨, 2016

기독교 총판 생명의 말씀사
ISBN 979-11-87022-04-6 03230

목 차

목 차

목 차

" 갈 렙 에 게 "

감사의 글

나는 축복을 받은 사람이다. 하나님의 말씀을 가르치고자 하는 나의 열정을 공유한, 성경을 사랑하는 멋진 사람들에게 둘러싸여 이 책을 쓸 수 있었기 때문이다.

특별히 연구, 개념, 그리고 아이디어와 초안 등에 탁월한 재능으로 함께 한 스콧 러더포드에게 감사를 전한다. 원고 작성 및 초안 작업을 도와준 자네이 게릭에게도 감사를 전한다. 그리고 훌륭한 통찰력과 검토로 멋있는 제목이 나오도록 도와준 나단 반스에게 감사를 전한다. 물론, 이 책과 <NIV QuickView 성경>의 이미지를 구축한 재능 있는 아티스트 테러세인 러셀에게 가장 큰 감사를 전한다.

이 책을 신뢰하여 준 존더반 아카데미 부서의 메디슨 트라멜과 낸시 에릭슨뿐 아니라 <NIV QuickView 성경>을 지원하고 출판한 존더반 성경팀칩, 멜린다, 마이크, 에이미, 샤리, 도리스 및 진에게도 감사를 전한다.

마지막으로, 매일 나에게 그리스도의 사랑을 보여줌으로써, 궁극적인 배움의 시각화를 가능하게 한 나의 아름다운 아내, 앰버에게 감사를 전한다.

서 론

성경은 놀랍도록 복잡하다. 하나님의 말씀에 의해 쓰인 책이기 때문에 우리가 과거에 읽었거나 앞으로 읽을 그 어떤 책과도 다르다. 성경은 40명 이상의 각기 다른 저자가 쓴 66권의 책으로 구성되어 있다. 이 중 39권은 구약이고, 27권은 신약이다. 신구약 성경 안에는 우리의 마음, 지성과 영혼을 사로잡는 복잡하고도 아름다운 보고가 있다.

<한눈에 보는 성경 인물, 지리, 사건>은 31,000개가 넘는 성경의 구절을 이해하도록 도울 것이다. 이 책은 성경의 주요 인물과 지리, 사건들을 시각적으로 안내한다. 여기서 사용하고 있는 인포그래픽은 간단한 개요와 함께 주요 정보를 요약한 짤막한 글을 제공한다. 이 책은 유용한 네 개의 장으로 구성되었다.

1장. 빠른 개관 : 성경의 개요

성경을 얼마나 많이 읽었는지와 상관없이, 여기 나오는 그림과 글들은 성경 1,189장에 대한 새로운 관점과 알기 쉬운 개요를 제공한다.

2장. 빠른 보기 : 성경의 인물들

이 장에서는 성경의 실제 인물에 대한 간략한 사실과 시각적 개요를 제공한다.

이 장을 읽으면, 여러분은 다음과 같은 질문에 답할 수 있게 된다.

아브라함, 이삭, 그리고 야곱은 누구인가? 아담과 노아의 유사성은 무엇인가? 성경은 예수와 그를 따르는 사람들에 대하여 무엇이라고 말하는가?

3장. 빠른 살피기 : 성경의 지리

성경의 이야기들은 특정한 장소와 시대에 자리 잡고 있다.

이 장에서는 다음과 같은 질문들을 탐구한다. 이스라엘의 영토란 무엇인가? 애굽의 기후는 어떠한가? 왜 이스라엘 사람들은 사마리아 사람들을 멀리하였는가?

성경의 다양한 지역과 환경을 알면 성경의 이야기에 대해 보다 폭넓게 이해할 수 있다.

4장. 빠른 검토 : 성경의 사건들과 이야기

"천 마디 말보다 한번 보는 것이 낫다"라는 말이 있다. 학습 전문가들에 의하면, 인간의 학습 가운데 83%가 시각적으로 이루어진다고 한다. 성경에는 725,000개 이상의 단어가 포함되어 있다. 얼마나 많은지! 4장은 "말하고", "가르치는" 그림을 통해 성경 이야기의 새로운 통찰력을 얻도록 할 것이다.

나는 여러분들이 <한눈에 보는 성경 인물, 지리, 사건>을 즐기기를 바란다. 이 책의 100개의 새로운 이미지는 소망으로 넘치는 성경의 메시지를 접하고 참여할 수 있도록 도울 것이다. 구주가 오신, 이 소식은 너무나도 좋은 소식이다. 자, 계속해서 성경을 읽고, 참여하고, 적용하고, 나누자.

크리스토퍼. D. 허드슨
www.ReadEngageApply.com
Twitter: @ReadEngageApply
Facebook.com/Christopher.D.Hudson.books

성경의 권수

66

40명의 저자
40

39
구약의 성경 권수

기록 기간
1,500년

27
신약의 성경 권수

구약의 장수

1,189
성경의 장수

신약의 장수

929

260

구약의 구절수
23,214 ← **31,173** → **7,959**
성경의 구절수

신약의 구절수

성경의 질문의 수
3,294

성경의 예언의 수
8,000

성경의 명령의 수
6,468

성경의 약속의 수
1,260

시편
119
성경의
가장 긴 장

시편
117
성경의
가장 짧은 장

욥
3:2
성경의 가장
짧은 구절

여호수아
8:33
성경의
가장
긴 구절

*다수의 숫자는 근사치를 사용함.

성경의 언어 = 3 : 히브리어, 아람어, 그리스/헬라어

제 1 장

빠른 개관
성경의 개요

창세기, 욥기

✣

출애굽기-신명기

✣

여호수아-룻기

✣

역사서와 선지서 I

✣

역사서와 선지서 II

✣

마태복음 - 요한복음

✣

사도행전 - 요한계시록

✣

성경의 말씀

창세기, 욥기

창조, 타락, 약속

성경은 많은 현대의 역사책과 달리 연대순에 따라 기록되지 않아서, 시간 순에 따라 성경을 읽는 데는 어려움이 따른다. 개신교 성경책은 주제별로 정렬되어 있지만, 연대순으로 재구성해 보면, 성경은 하나님의 계시, 특히 인류의 창조, 우리의 완전한 상태에서의 "타락", 그리고 구세주를 보내시겠다는 하나님의 약속을 점진적으로 드러낸다. 다음 페이지의 표는 성경의 이야기가 시간 순으로 펼쳐지면서 드러나는 핵심 주제들을 묘사하고 있다.

창세기와 욥기는 최초의 이야기로, 하나님의 능력을 그의 위엄과 창조를 통하여 보여준다. 비록 최초의 남자와 여자의 불순종과 뱀사탄의 거짓말을 통해 죄가 세상에 들어왔지만, 하나님께서는 한 민족을 택하시고 자신의 소유로 삼으시며, 언젠가 올 구원의 날을 약속하신다.

아담과 이브가 죄 지은 후, 하나님께서는 뱀에게 다음과 같이 말씀하신다. "내가 너로 여자와 원수가 되게 하고 네 후손도 여자의 후손과 원수가 되게 하리니 여자의 후손은 네 머리를 상하게 할 것이요 너는 그의 발꿈치를 상하게 할 것이니라" 창3:15. 이 구절은 "저주", 즉 인간이 은혜의 상태로부터 타락한 이야기를 전하고 있다.

또한 창세기 3장 15절은 아담과 이브의 자손이 뱀사탄의 머리를 "상하게 할 것"이라는 하나님의 궁극적 약속을 포함하고 있다. 그리스도인들은 후에 이 말씀을 메시아 예언으로 해석한다. 이 예언은 메시아이시며 구세주이신 예수님이 오심으로서 타락으로 인한 파멸을 역전시키리라고 말한다.

하나님과 하나님의 계획에 대하여 우리가 배우는 것

하나님께서는 영원하신 분이고 창조주이시다.
죄가 세상에 들어왔지만, 하나님께서는 그의 이름을 더욱 위대하게 만드신다.

우리는 어디쯤일까?

성경을 깊이 이해할수록, 하나님과 구원에 대한 하나님의 계획을 더욱 많이 알게 된다. 여기에서 우리가 성경의 어느 부분을 보고 있는지 알 수 있다.

창조, 타락, 약속

자유를 찾은 백성

우리를 포용하시는 하나님의 약속

관련된 성경책

창세기
욥기

출애굽기
레위기
민수기
신명기

여호수아
사사기
룻기

출애굽기 - 신명기

자유를 찾은 백성

창 세기의 마지막은 하나님께서 아담, 이브, 그리고 아브라함에게 주신 약속의 계승자인 야곱과 야곱의 아들들이 애굽에 정착하는 것으로 끝을 맺는다.

출애굽기의 시작은 창세기의 마지막으로부터 400년의 시간이 지난 후이고, 히브리 사람들은 이제 애굽인들의 노예가 되어 있다. 출애굽기, 레위기, 민수기, 그리고 신명기는 하나님께서 노예가 된 그의 백성을 구원하시고 한 민족을 시작하시는 이야기이다.

성경의 가장 중요한 서사 구조에서 나타난 대로, 하나님께서는 당신의 백성들에게 억압하는 이들로부터의 몸의 자유와 그들만의 땅을 주실 뿐만 아니라, 그들과의 관계에도 관심을 갖고 계신다. 출애굽기 6장 7절은 이러한 하나님의 마음을 나타낸다. "너희를 내 백성으로 삼고 나는 너희의 하나님이 되리니." 성경은 인간이 깨뜨린 하나님과의 관계, 즉 아담과 이브가 에덴동산에서 죄를 지어 손상된 관계를 회복시키는 하나님의 열심을 다룬 이야기이다.

이 네 권의 책은 하나님의 특성에 대해 더 많이 소개하고 있다. 우리는 재앙과 기적을 통해 하나님의 능력을 발견할 수 있고, 당신의 백성들이 다른 신을 섬길 수 없다는 하나님의 말씀을 통하여 하나님의 질투를 알 수 있으며, 율법을 주시는 모습을 통해 하나님과 인간 사이의 관계가 어떤 모습인지 알 수 있다.

성경을 처음부터 끝까지 살펴보면서, 우리는 하나님께서 죄와 거룩함의 개념을 보다 구체적으로 말씀하시고 있음을 알 수 있다. 이는 결국 하나님과 그의 백성 사이의 진정한 자유를 위한 완전한 희생, 즉 구세주의 죽음의 필요성을 나타낸다.

하나님과 하나님의 계획에 대하여 우리가 배우는 것

하나님께서는 거룩하신 분이시고, 하나님의 뜻은 당신의 백성을 세상에서 구원하시는 것이다. 죄의 값은 반드시 희생 제물의 피로서 지불되어야 한다.

우리는 어디쯤일까?

성경을 깊이
이해할수록,
하나님과 구원에 대한
하나님의 계획을 더욱
많이 알게 된다.
여기에서 우리가
성경의 어느 부분을
보고 있는지 알 수
있다.

창조, 타락, 약속

자유를 찾은 백성

우리를
포용하시는
하나님의 약속

관련된 성경책

창세기
욥기

출애굽기
레위기
민수기
신명기

여호수아
사사기
룻기

여 호 수 아 - 룻 기

우리를 포용하시는 하나님의 약속

신명기의 마지막 장면은, 하나님의 백성들이 약속의 땅의 문턱에서 기다리고 있는 모습이다. 여호수아, 사사기, 그리고 룻기는 이스라엘 백성의 초기 역사를 기록한다. 약속의 땅을 점령한 후, 그들은 하나님의 "거룩한 나라"로서의 정체성을 찾기 위해 노력한다출19:6. 여리고와 아이성의 첫 전투 때부터 이스라엘 백성들은 하나님께 완전히 순종하지는 않았지만, 순종할 때마다 하나님의 축복이 임하는 것을 볼 수 있었다. 사사기에서는 순종과 죄를 오가는 사람들의 순환이 시작된다.

약속의 땅은 실재하는 선물이자, 하나님의 위대한 계획의 상징이기도 했다. 하나님께서는 진정으로 하나님 안에서 쉴 수 있는 곳으로 그의 백성을 인도하신다. 이 성경의 중심 이야기 안에서, 성경은 하나님께서 노예에서 탈출하여 방황하는 백성들에게 하나님 우편에 있는 기쁨의 충만함을 주는 곳으로 인도하신다는 사실시16:11을 이야기하고 있다.

여호수아예수의 히브리 이름를 통해, 그리고 궁극적으로 십자가에 달리신 예수 그리스도를 통한 화목으로 백성들은 하나님과의 관계를 회복하여 영적인 안식을 얻게 된다.

"만일 여호수아가 그들에게 안식을 주었더라면 그 후에 다른 날을 말씀하지 아니하셨으리라. 그런즉 안식할 때가 하나님의 백성에게 남아 있도다……그러므로 우리가 저 안식에 들어가기를 힘쓸지니 이는 누구든지 저 순종하지 아니하는 본에 빠지지 않게 하려 함이라"히4:8-9, 11.

하나님과 하나님의 계획에 대하여 우리가 배우는 것
백성들은 죄의 결과를 경험한다.
하나님께서는 그들을 이끄셔서, 그들로 하여금 하나님을 예배케 하신다.
백성들은 회개하지만 도로 죄에 빠진다.

우리는 어디쯤일까?

성경을 깊이
이해할수록,
하나님과 구원에 대한
하나님의 계획을 더욱
많이 알게 된다.
여기에서 우리가
성경의 어느 부분을
보고 있는지 알 수
있다.

창조, 타락, 약속

자유를 찾은 백성

우리를
포용하시는
하나님의 약속

관련된 성경책

창세기
욥기

출애굽기
레위기
민수기
신명기

여호수아
사사기
룻기

역사서와 선지서 I

위기의 왕국

이스라엘 백성은 하나님의 계획 대신 군주제를 선택하여 그들을 다스릴 왕을 뽑았다. 그들은 약 400년 동안 그로 인한 긴장 가운데 산다. 때로는 정치적인 이유로 이 대치 상태가 발생한다. 하나님의 백성들이 통일 왕국에서 왕의 통치를 받을 때조차도, 다른 부족들과 지도자들 사이에서 긴장 상황이 발생한다. 이스라엘의 첫 번째 왕인 사울은 그의 후계자인 다윗을 죽이려고 한다. 후에 다윗이 왕이 되었을 때는, 다윗의 아들인 압살롬이 그의 왕권에 도전한다. 심지어 평화와 번영의 시대를 다스린 솔로몬도 그의 형인 아도니야와 또 다른 강력한 지도자인 여로보암의 위협에 직면했다. 솔로몬의 통치 이후, 왕국은 북왕국 이스라엘과 남왕국 유다로 나누어진다. 분열된 민족은 서로를 향해 칼을 겨누는 동시에 국경 너머의 앗수르앗시리아, 애굽이집트, 바벨론바빌론과도 대치한다.

민족이 하나님에 대한 신실한 순종과 하나님에 대한 반역 사이에서 흔들릴 때마다 영적 긴장 상태도 존재하게 된다. 하나님께서는 백성들이 회개하도록 하기 위해 전쟁과 정치적 혼란 가운데 호세아와 아모스와 같은 선지자를 세우신다. 호세아는 이러한 하나님의 생각을, "그들은 애굽 땅으로 되돌아가지 못하겠거늘 내게 돌아오기를 싫어하니 앗수르 사람이 그 임금이 될 것이라"호11:5고 기록하고 있다. 이때, 하나님께서는 당신의 백성의 마음을 되돌리기 위해 종종 나라가 정복당하게 하신다. 그러나 이 모든 것을 통하여 하나님께서는 그들을 오래 참으시고, 다음과 같이 약속하셨다.

"내가 그들의 반역을 고치고 기쁘게 그들을 사랑할 것이다"호14:4.

하나님과 하나님의 계획에 대하여 우리가 배우는 것

하나님께서는 하나님 백성들의 땅 위의 왕국보다 그 마음 상태에 더 큰 관심을 갖고 계신다. 하나님께서는 궁극적인 평화를 이룰 한 왕을 약속하신다.

위기의 왕국

바벨론 유수와
회복

성취된 약속,
예수

세상을 향한
새로운 생명

사무엘상, 하
열왕기상, 하
역대상, 하
시편
잠언
전도서
아가
이사야
예레미야
예레미야애가
호세아
아모스
요나
미가
나훔
하박국
스바냐

에스라
느헤미야
에스더
에스겔
다니엘
요엘
오바댜
학개
스가랴
말라기

마태복음
마가복음
누가복음
요한복음

사도행전-
요한계시록

역사서와 선지서 II

바벨론 유수와 회복

에스라, 느헤미야, 에스더서는 두 왕국의 몰락 이후, 포로로 살고 있는 이스라엘 백성들의 이야기이다. 이때부터 성경의 역사는 남왕국 유다의 백성들에게 초점을 맞추고 있다. 북 이스라엘 왕국의 기록은 기원전 722년, 앗수르에 의해 정복된 후 역사에서 사라진다.

하나님의 백성들 대부분이 포로로 있기는 하지만, 소수의 사람들은 가나안의 폐허에 남아 있었다. 하나님께서 에스라와 느헤미야와 같은 지도자들 하에 포로로 있던 백성들을 점차 약속의 땅으로 인도하시고, 예루살렘과 성전을 다시 건축하게 하신다. 하나님께서는 이스라엘 백성의 손으로 당신이 거하시는 장소를 복구하기를 바라신다.

다니엘, 요엘, 오바댜, 학개, 스가랴, 그리고 말라기서에서 하나님께서는 계속해서 선지자를 세워 포로 가운데 있는 이스라엘 백성과 성전과 성곽을 다시 건축하는 사람들에게 위로와 확신의 말씀을 전한다.

하나님께서는 오래 인내하시며 이스라엘 백성들의 회개를 촉구한다. 하나님께서는 백성들의 과거의 불순종에도 불구하고 그들과의 관계 회복을 바라고 있다는 사실을 일깨우신다. 하나님께서는 본디 거룩하고 공의하시나, 또한 "은혜로우시고 자비로우시며 노하기를 더디하시며 인애가 크시다"욜2:13.

이스라엘 백성이 약속의 땅을 재건하기 시작하자, 선지자들은 하나님의 궁극적인 회복의 계획을 전한다. 선지자들은 오실 메시아, 즉 구세주를 예언하며, 그가 모든 피조물과 하나님의 나라를 회복시키고 그를 향한 마음을 되찾게 될 것이라고 설명한다.

하나님과 하나님의 계획에 대하여 우리가 배우는 것

하나님께서는 그들의 죄로 인하여 당신의 자녀들을 벌주시지만, 또한 그들을 은혜로 회복시키신다. 새로운 시작이 오고 있다.

위기의 왕국

바벨론 유수와
회복

성취된 약속,
예수

세상을 향한
새로운 생명

사무엘상, 하
열왕기상, 하
역대상, 하
시편
잠언
전도서
아가
이사야
예레미야
예레미야애가
호세아
아모스
요나
미가
나훔
하박국
스바냐

에스라
느헤미야
에스더
에스겔
다니엘
요엘
오바댜
학개
스가랴
말라기

마태복음
마가복음
누가복음
요한복음

사도행전-
요한계시록

마태복음 - 요한복음

성취된 약속, 예수

하나님의 아들이신 예수님께서는 구세주를 보내시겠다는 최초의 약속에서 수천 년이 지난 후 세상에 오신다.

에덴동산에서 최초의 남자와 여자가 죄를 지은 순간, 그들은 하나님과의 관계, 그리고 자신을 둘러싼 세계와의 관계를 파괴한다. 그러나 죄가 세상에 들어오는 그 순간에, 하나님의 위대한 약속도 세상으로 들어온다.

아담과 이브가 죄를 지은 직후에, 하나님께서는 우리의 적인 사단에게 말씀하신다삗전5:8. "내가 너로 여자와 원수가 되게 하고 네 후손도 여자의 후손과 원수가 되게 하리니 여자의 후손은 네 머리를 상하게 할 것이요 너는 그의 발꿈치를 상하게 할 것이니라"창3:15. 이 구절은 "저주", 또는 인간이 은혜의 상태로부터 타락한 이야기, 그리고 사단보다 더 위대하신 구세주를 보내신다는 하나님의 위대한 약속을 모두 포함한다. 사단보다 위대하신 약속된 구세주는 바로 하나님의 아들이신 예수님이다. 하나님께서 세상으로 그를 보내셨고 그가 우리의 죄를 위해 십자가에서 죽으실 때, 우리의 삶을 파괴하는 사단의 힘은 부서진다.

하나님의 아들이 사람의 아들이 되어 베들레헴 한 마을의 초라한 구유에서 태어날 때, 출생 전에 있었던 수백 년에 걸친 예언의 성취가 시작된다. 궁극적으로, "사망을 삼키고 이기리라"고전15:54; 사25:8라고 말씀된 예수님의 십자가에서의 죽음으로 인한 희생과 흘리신 피를 통해 우리는 죄에 대한 용서와 하나님께로 돌아가는 길을 얻게 된다.

하나님과 하나님의 계획에 대하여 우리가 배우는 것
하나님께서는 죄에 대한 궁극적이고 완벽한 해답을 제시한다.

위기의 왕국

바벨론 유수와
회복

성취된 약속,
예수

세상을 향한
새로운 생명

사무엘상, 하
열왕기상, 하
역대상, 하
시편
잠언
전도서
아가
이사야
예레미야
예레미야애가
호세아
아모스
요나
미가
나훔
하박국
스바냐

에스라
느헤미야
에스더
에스겔
다니엘
요엘
오바댜
학개
스가랴
말라기

마태복음
마가복음
누가복음
요한복음

사도행전-
요한계시록

사도행전 - 요한계시록

세상을 향한 새로운 생명

사도행전부터 요한계시록까지의 신약 성경은 초대교회의 역사, 하나님 나라의 백성으로 사는 지침, 그리고 새 하늘과 땅의 비전을 기록하고 있다. 하나님 나라는 하나님이 그의 백성 가운데 거하시는 영적 현실이다. 하나님 나라에 대해 질문을 받은 예수님께서는, "내 나라는 이 세상에 속한 것이 아니니라 만일 내 나라가 이 세상에 속한 것이었더라면, 내 종들이 싸워 나로 유대인들에게 넘겨지지 않게 하였으리라 이제 내 나라는 여기에 속한 것이 아니니라"요18:36 라고 말씀하신다. 지금 하나님 나라는 그의 백성과 교회의 능력과 생명 가운데 이어지지만, 예수님께서 다시 오셔서 새로운 세계로 안내하실 때에야 완전하게 실현된다.

사도 바울은 하나님의 화해의 메시지, 즉 하나님께서 인류를 회복하여 그들과 하나님, 그들 서로, 그리고 모든 피조물과의 바른 관계를 만드시려는 열망을 고린도 교인들에게 전한다고후5:17-21. 화해는 예수님이 죄와 사망을 이기시고, 죄가 만든 하나님과 우리 사이의 "적대감의 벽"을 정복한다는 복음에 따른다. 예수님께서는 우리가 다시 하나님께 가까이 갈 수 있게 하신다엡2:13-14. 계시록에서 요한은 하나님의 백성들이 살 새로운 세계를 고통과 환난과 사망이 없는 곳으로 묘사한다. 하나님께서는 "모든 눈물을 그 눈에서 닦아주실 것이다"계21:4. 인간은 다시 한 번 창조주와 친밀한 관계로서 아담과 이브의 에덴동산보다 더 나은 세계에서 살게 된다.

하나님과 하나님의 계획에 대하여 우리가 배우는 것

하나님께서는 모든 족속과 언어를 통합하시어 교회의 지체로 삼으신다. 모든 것의 끝에서 하나님께서는 완전하고 죄 없는 상태의 세상을 회복하실 것이다.

위기의 왕국

바벨론 유수와
회복

성취된 약속,
예수

세상을 향한
새로운 생명

사무엘상, 하
열왕기상, 하
역대상, 하
시편
잠언
전도서
아가
이사야
예레미야
예레미야애가
호세아
아모스
요나
미가
나훔
하박국
스바냐

에즈라
느헤미야
에스더
에스겔
다니엘
요엘
오바댜
학개
스가랴
말라기

마태복음
마가복음
누가복음
요한복음

Παυλου

사도행전-
요한계시록

우리는 어디쯤일까?

성경을 깊이
이해할수록,
하나님과 구원에 대한
하나님의 계획을 더욱
많이 알게 된다.
여기에서 우리가
성경의 어느 부분을
보고 있는지 알 수
있다.

창조, 타락, 약속

자유를 찾은 백성

우리를 포용하시는 하나님의 약속

관련된 성경책

창세기	출애굽기	여호수아
욥기	레위기	사사기
	민수기	룻기
	신명기	

위기의 왕국

바벨론 유수와
회복

성취된 약속,
예수

세상을 향한
새로운 생명

사무엘상, 하
열왕기상, 하
역대상, 하
시편
잠언
전도서
아가
이사야
예레미야
예레미야애가
호세아
아모스
요나
미가
나훔
하박국
스바냐

에스라
느헤미야
에스더
에스겔
다니엘
요엘
오바댜
학개
스가랴
말라기

마태복음
마가복음
누가복음
요한복음

ΠΑΥΛΟΣ

사도행전-
요한계시록

성경의 말씀

성경에서 자주 쓰이는 단어들

성경에서 가장 빈번하게 사용되는 단어들에 대한 연구는 성경 각 장의 주제를 보다 명확하게 보여준다. 우리가 성경을 읽을 때 이야기, 설정, 그리고 인물들은 계속 바뀌지만, 하나의 메시지는 일관되게 이어진다. 하나님께서는 애정을 가지고 당신의 백성들에게 손을 뻗으신다는 사실이다.

아래 이미지에 나열된 목록은 각 권 안에서 가장 자주 사용되는 단어를 설명하고, 성경의 각 권에 대한 통찰을 위한 도움을 제공한다.

모세오경창세기-신명기에서, 우리는 모세를 통해 약속의 땅으로 이스라엘 백성을 인도하시는 여호와 하나님을 바로 알게 해준다. 이 책들은 희생과 거룩한 축제에 초점을 두고, 하나님의 백성들

이 하나님 한 분만을 의지하도록 일깨운다.

역사서여호수아-에스더에서, 이스라엘 백성은 지상의 왕의 통치 아래에서의 삶을 배우지만, 동시에 하늘의 왕을 경배하는 중심인 성전을 세운다.

지혜서욥기-아가서는 하나님과의 바른 관계의 중요성을 설명한다. 하나님께서는 지혜서를 통해 "통회하는 마음"을 가진 자, 의를 갈망하는 경배자를 찾으신다시51:17.

대선지서이사야-다니엘와 소선지서호세아-말라기들은 이스라엘 백성에게 하나님과의 언약을 기억하게 한다. 하나님께서는 선지자들을 통해 백성들의 불순종과 무시를 이야기하시는 반면, 그들에게 하나님께 온 마음을 다해 돌아오라고 신실하게 전하신다.

TOP 10

▶ 모세오경 (창세기-신명기)

주님 LORD
여호와 GOD
모세 MOSES
제사 OFFERING
땅 LAND
백성 PEOPLE
아들 SON
아버지 FATHER
날 DAY
이스라엘 ISRAELITES

▶ 역사서 (여호수아-에스더)

주님 LORD
왕 KING
아들 SON
이스라엘 ISRAEL
여호와 GOD
다윗 DAVID
백성 PEOPLE
사람들 MEN
유다 JUDAH
성전 TEMPLE

▶ 지혜서 (욥기-아가서)

여호와 GOD
하나 ONE
사악한 WICKED
백성 PEOPLE
찬양 PRAISE
마음 HEART
사랑 LOVE
땅 EARTH
의로운 RIGHTEOUS
오다 COME

▶ 대선지서 (이사야-다니엘)

주님 LORD
백성 PEOPLE
좋아하다 LIKE
왕 KING
땅 LAND
하나 ONE
이스라엘 ISRAEL
여호와 GOD
선포하다 DECLARES
오다 COME

복음서와 사도행전은 하나님의 아들이신 예수 그리스도의 공생애와 구원 사역을 소개한다. 하나님의 나라가 이 세상에 온 것과 교회의 사명에 대해 선포하고 있다.

초대교회에게 쓴 서신서로마서-유다서는 예수 그리스도의 복음, 즉 구세주 예수에 대한 좋은 소식을 선포하는 사명을 위임받은 사람들의 행동에서 드러나는 믿음과 은혜를 설명한다.

마지막으로, 요한계시록에는 우리가 알고 있는 세상의 종말, 그리고 하나님의 선한 통치 아래에서 펼쳐질 새 하늘과 새 땅의 비전을 제시하는 예언이 담겨 있다.

빈도수 목록

성경의 각 권은 하나님, 인간, 그리고 복음의 메시지에 대한 각기 다른 측면을 나타낸다.
그림에 나타난 단어들은 성경의 각 권에서 사용되는 가장 공통적인 단어들이다.

* 대명사, 전치사, 그리고 관사와 같은 단어들은 제외함.

성경 전체에서 나타나는:

TOP 20 WORDS

1. 주님 LORD
2. 여호와 GOD
3. 백성 PEOPLE
4. 하나 ONE
5. 왕 KING
6. 아들 SON
7. 이스라엘 ISRAEL
8. 오다 COME
9. 땅 LAND
10. 날 DAY
11. 예수 JESUS
12. 사람 MAN
13. 왔다 CAME
14. 다윗 DAVID
15. 만들다 MADE
16. 집 HOUSE
17. 주다 GIVE
18. 모세 MOSES
19. 유다 JUDAH
20. 보다 SEE

TOP 10

▶소선지서 (호세아-말라기)	▶복음서&사도행전 (마태복음-사도행전)	▶서신서 (로마서-유다서)	▶요한계시록
주님 LORD	예수 JESUS	여호와 GOD	여호와 GOD
백성 PEOPLE	하나 ONE	그리스도 CHRIST	땅 EARTH
날 DAY	여호와 GOD	주님 LORD	천사 ANGEL
여호와 GOD	사람 MAN	하나 ONE	일곱 SEVEN
전능 ALMIGHTY	백성 PEOPLE	예수 JESUS	위대한 GREAT
이스라엘 ISRAEL	왔다 CAME	믿음 FAITH	보았다 SAW
땅 LAND	아들 SON	백성 PEOPLE	오다 COME
집 HOUSE	아버지 FATHER	영 SPIRIT	보좌 THRONE
민족들 NATIONS	주님 LORD	안다 KNOW	백성 PEOPLE
선포하다 DECLARES	제자들 DISCIPLES	사랑 LOVE	천국 HEAVEN

*

빠른 보기

성경의 인물들

첫 번째 조상들

창조에서 대홍수까지

동산에서 쫓겨난 지 얼마 되지 않아, 아담과 이브는 첫 두 아이를 잃는다. 가인이 동생 아벨을 질투하여 살인하자, 하나님께서는 그를 책망하고 방황의 삶을 살게 하신다창4:14-15. 그 후 아담과 이브는 또 다른 아들, 셋을 갖는다. 셋과 그의 아들 에노스 때에 "사람들이 비로소 여호와의 이름을 불렀다"창4:25-26.

세상의 창조로부터 대홍수까지 성경은 열 세대를 기록하고 있다. 성경은 셋 이후 네 세대는 이름과 나이 외에는 거의 기록하고 있지 않지만, 에녹7세대, 므두셀라8세대, 라멕9세대, 그리고 노아와 그의 아들10세대와 11세대의 삶에 대해서는 흥미로운 이야기를 기록하고 있다.

그 시절, 사람들은 오늘날의 인류보다 오래 살고, 늦은 나이까지 자녀를 가졌다. 예를 들어, 성경은 65세에서 187살까지를 가임기라고 기록한다. 에녹은 365년을 산다. 성경은 그에 대하여 "에녹이 하나님과 동행하더니 하나님께서 그를 데려가시므로 세상에 있지 아니하였더라"창5:24라고 기록하여, 그가 육체적 죽음을 경험하지 않았다는 사실을 밝힌다.

에녹의 아들 므두셀라는 969년을 살아, 가장 오래 산 사람으로 기록되어 있다. 므두셀라의 아들 라멕은 노아의 아버지이고, 노아는 하나님께서 대홍수의 때에 구하시기로 택한 자이다. 노아가 태어났을 때, 그의 아버지가 히브리어로 '안위'를 뜻하는 노아라는 이름을 짓는데, 성경은 "이름을 노아라 하여 이르되 여호와께서 땅을 저주하시므로 수고롭게 일하는 우리를 이 아들이 안위하리라"창5:29고 기록하고 있다.

노아가 성장했을 무렵 세상은 완전히 부패하고, 하나님께서는 세상을 완전히 파괴하기로 결정하신다. 하나님께서는 의인인 노아에게 노송나무로 방주를 만들라고 지시하신다. 하나님께서는 대홍수로부터 노아를 구원하시려고 노아 자신, 가족, 그리고 모든 종류의 동물 한 쌍을 방주에 태우라고 말씀하신다창6:14-20.

최초의 조상들의 나이

창세기는 신앙의 최초의 조상들이 오래 살았음을 기록한다. 잘 알려진 몇 명의 경우는 아래와 같다.

조상	창세기의 해당 구절	사망 나이
아담	5:5	930
셋	5:8	912
므두셀라	5:27	969
노아	9:29	950
셈	11:10-11	600
에벨	11:16-17	464
벨렉	11:18-19	239
나홀	11:24-25	148
데라	11:32	205
사라	23:1	127
아브라함	25:7	175
이삭	35:28-29	180
야곱	47:28	147
요셉	50:26	110

인물 대조

←······· 아담   VS.   노아 ·······→
창세기

창조되기 전, 지구를 덮은 물이 모여 땅을 드러냄 1:9-10	방주를 떠나기 전, 땅을 덮은 홍수가 물러가고 마른 땅을 드러냄 8:1-14
동물을 다스리고 이름을 짓는 특권이 주어짐 1:26; 2:19-20	동물을 다스리고 먹을 특권이 주어짐 9:2-3
이브와 함께 생육하고 번성하라는 명령이 주어짐 1:28	생육하고 번성하라는 명령이 주어짐 9:1, 7
동산에 심은 나무들을 지킴 2:55	홍수 후에 포도나무를 심음 9:20
선악과를 먹고 자신이 벗은 것을 깨달음 3:6-7	포도주를 먹고 취하여 자면서 부끄러움을 드러냄 9:21
그의 부끄러움을 하나님께서 가리킴 3:21	두 아들에 의해 부끄러움이 덮임 9:23
그의 죄가 자손들에게 전가됨 4:8	그의 죄가 아들 함에게 전가됨 9:22, 24-25
세 명의 아들 가인, 아벨, 그리고 셋을 둠 4:25	세 명의 아들 셈, 함, 그리고 야벳을 둠 9:1

아브라함

믿음의 조상

아브라함은 자주 "믿음의 아버지"로 언급되는데, 신약성경은 그가 행위가 아닌 믿음으로 의롭다 여겨졌다고 기록한다. "아브라함이 하나님을 믿으매 그것이 그에게 의로 여겨진 바되었느니라"롬4:3; 창15:6. 아브라함의 믿음은 그의 삶에 나타난다. 그의 믿음은 그의 행위로 분명하게 드러난다. 야고보는 다음과 같이 기록하고 있다. "아브라함의 믿음이 그의 행함과 함께 일하고 행함으로 믿음이 온전하게 되었느니라"약2:22. 아브라함의 삶의 여정은 끊임없는 믿음을 요구하고 있다. 하나님께서 처음 아브라함을 부르셨을 때 새로운 땅으로 나아가라 하셨지만 어디로 가라고는 말씀하지 않으셨다히11:8. 대신 하나님께서는 그의 이름을 크게 할 것이고, 그 후손을 통하여 세계가 복을 받을 것이라고 축복하셨다. 하나님께서는 그 후 아브라함을 약속의 땅으로

인도하신다. 거기서 아브라함은 제단을 쌓고 하나님을 부른다. 아브라함은 살아계신 하나님을 따르는 일은 말하면서 동시에 말씀을 듣는 관계임을 깨닫는다.

아브라함의 여정에는 어려움도 있었다. 아브라함은 사람들이 자신의 아름다운 아내를 취하기 위해 자신을 죽일 것이 두려워, 그녀에게 그의 여동생이라는 거짓말을 하라고 하기도 한다.

떠도는 몇 년 동안, 하나님께서는 아브라함에게 그와 그의 후손을 축복하실 것을 여러 번 말씀하신다. 하지만 이 약속은 여러 해 동안 실현되지 않는다. 이 기다림은 아브라함의 믿음을 시험하는데, 아브라함과 그의 아내 사라가 나이 들어 아기를 갖지 못할 때 특히 더 그러했다. 그들이 인생의 이 시점에 다다를 때까지 한 명의 아이조차 없는데, 어떻게 그들의 자손이 하늘의 별만큼창

아브라함의 인생 여정 전반부

창세기

지중해

하란

2 하나님의 부르심
12:1-3

3 약속의 땅에 도착
12:5

세겜

헤브론

4 애굽으로 이동
12:10-20

애굽

5 약속의 땅으로 귀환
13:1

바벨론

1 우르를 떠나다
11:31

15:5 많을 수 있겠는가? 그래서 아브라함의 아내 사라는 아브라함에게 그녀의 여종, 하갈을 통해 아이를 가지라고 제안한다. 당시에는 아내가 아이를 갖지 못하는 경우, 이런 일이 종종 있었다. 하갈은 아들 이스마엘을 출산한다.

12년 후에, 하나님께서는 아브라함에게 나타나셔서 사라가 아이를 가질 것이라 말씀하신다. 당시 사라의 나이는 90세여서, 그녀는 이 말씀을 비웃는다. 그러나 일 년 후에 그녀는 임신을 하고 하나님의 약속된 자녀인 이삭을 낳는다.

후에, 하나님께서는 아브라함에게 그의 아들, 이삭을 바치라 하시며 아브라함의 믿음을 최종적으로 시험하시는데창22:2, 이는 하나님께서 나중에 유일한 아들인 예수를 희생 제사 삼으실 것을 암시한다요3:16. 아브라함은 하나님께 순종하고, 하나님께서는 마지막 순간 그를 멈추신다.

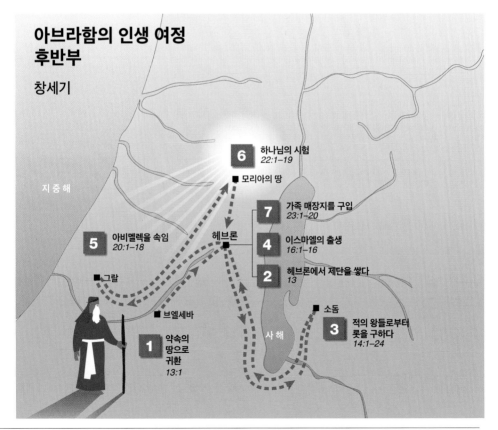

아브라함의 인생 여정
후반부

창세기

지중해

6 하나님의 시험
22:1-19

모리아의 땅

5 아비멜렉을 속임
20:1-18

헤브론

7 가족 매장지를 구입
23:1-20

4 이스마엘의 출생
16:1-16

2 헤브론에서 제단을 쌓다
13

그랄

브엘세바

소돔

사해

3 적의 왕들로부터 롯을 구하다
14:1-24

1 약속의 땅으로 귀환
13:1

이삭과 야곱

선택받은 자녀들

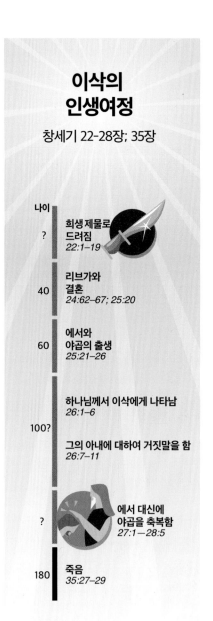

이삭의 인생여정

창세기 22-28장; 35장

나이	
?	희생 제물로 드려짐 22:1–19
40	리브가와 결혼 24:62–67; 25:20
60	에서와 야곱의 출생 25:21–26
100?	하나님께서 이삭에게 나타남 26:1–6
	그의 아내에 대하여 거짓말을 함 26:7–11
?	에서 대신에 야곱을 축복함 27:1–28:5
180	죽음 35:27–29

아브라함과 사라가 나이 들었지만 아이가 없을 때, 하나님께서는 아브라함에게 사라가 아들을 낳을 것이고, "그 사라를 여러 민족의 어머니가 되게 하리니창 17:16"라고 말씀하신다.

약속의 아들인 이삭이 아직 어렸을 때, 하나님께서는 아브라함에게 그의 사랑하는 아들을 제물로 바치라고 요구하신다. 아브라함이 그의 칼을 들어 이삭을 치려할 때, 하나님의 천사가 이삭의 죽음을 막는다. 숫양 한마리가 이삭 대신에 제물로 드려진다. 아브라함은 그곳을 "여호와가 준비하리라여호와 이레"라고 칭한다창22:1-14.

이삭은 장성하고, 아브라함은 이삭의 아내를 얻기 위해 그의 고향으로 하인을 보낸다. 하인은 리브가와 함께 돌아오고, 이삭은 그녀를 사랑하여 결혼한다창24장. 리브가는 쌍둥이를 낳는다. 털이 많고 거칠다는 의미의 에서가 먼저 나오고, 발꿈치를 잡고, 속인다는 의미를 지닌 야곱은 나중에 나와 동생이 된다. 이삭은 에서를 좋아하는 반면, 리브가는 야곱을 사랑한다창25:28.

후에 기근이 발생할 때, 하나님께서는 이삭에게 나타나 이전에 아브라함에게 하셨던 약속을 반복하신다. "내 종 아브라함을 위하여 내가 너와 함께 있어 네게 복을 주어 네 자손이 번성하게 하리라"창26:24.

삶의 끝자락에서, 이삭은 죽기 전에 에서를 불러 식사를 준비하게 하고 그의 축복을 상속하려고 한다. 리브가가 이를 엿듣고, 자신이 사랑하는 아들인 야곱과 함께 이삭을 속이려고 모의한다창27:1-40. 이 속임수는 성공하여 이삭은 야곱을 축복하고, 이는 두 형제 사이의 적대감을 야기한다.

리브가는 야곱을 멀리 떠나보낸다창27:41-28:5. 야곱은 목숨을 보전하기 위해 도망치다가 하늘로 오르는 사닥다리의 꿈을 꾼다. 하나님께서는 아브라함에 대한 약속을 야곱에게 일깨우신다.

"땅의 모든 족속이 너와 네 자손으로 말미암아 복을 받으리라 내가 너와 함께 있어 네가 어디로 가든지 너를 지키며 너를 이끌어 이 땅으로 돌아오게 할지라. 내가 네게 허락한 것을 다 이루기까지 너를 떠나지 아니하리라 하신지라"창28:14-15.

야곱은 어머니의 고향에 도착하여 라헬을 만나고 사랑에 빠진다. 라헬의 아버지 라반은 야곱을 속여 라헬 대신 그의 첫째 딸 레아와 결혼시킨다. 야곱은 결국 두 자매 모두와 결혼하고, 이 둘은 서로 적대하게 된다창29:14-30. 하나님께서는 레아를 축복하여 아이를 갖게 하시지만, 라헬에게는 아이를 주시지 않는다. 라헬이 마침내 임신하여 아들인 요셉을 낳았을 때, 야곱에게는 이미 레아와 두 여종에게서 난 자녀들이 있었다.

많은 세월이 흘러, 야곱의 부와 그 땅에서의 영향력이 커지자 라반의 아들들이 야곱을 질투한다. 하나님께서는 야곱에게, "네 조상의 땅 네 족속에게로 돌아가라 내가 너와 함께 있으리라"창31:3고 지시하신다. 고향으로 가는 길에, 야곱은 사람의 형상으로 나타나신 하나님과의 특별한 만남을 갖는다. 둘은 씨름을 하고, 야곱은 하나님께서 자신을 축복하실 때까지 하나님을 놓지 않는다. 하나님께서는 야곱을 축복하여, 그의 이름을 "하나님과 씨름하였다"는 의미의 이스라엘로 바꾸신다창32:22-32; 35:9-15.

고향에 가까워질 때, 야곱은 에서가 군대를 끌고 자신을 만나러 온다는 소식을 듣는다. 야곱은 두려움에 그의 형에게 평화의 예물을 앞서 보내고, 두 차례 화해를 시도한다창33장.

야곱은 12명의 아들과 한 명의 딸을 두었다. 라헬에게서 난 첫 번째 아들인 요셉은 기근이 왔을 때 온 가족을 구한다. 말년에 야곱은 가족들과 애굽에 정착한다. 죽기 전, 그는 후손들에게 자신의 유해를 가나안으로 돌려보내달라고 부탁한다창 46-49장.

야곱의 인생 여정
창세기 25-49장

족장의 아내들

성경의 어머니들

사라, 리브가, 레아와 라헬은 믿음의 조상인 아브라함, 이삭, 그리고 야곱과 결혼한 여인들이다. 성경은 그들에 대한 특별한 이야기들을 기록한다. 이 이야기들은 하나님이 구원의 계획을 펼치실 때 여성들이 어떤 방식으로 중요한 역할을 했는지 보여준다.

하나님께서는 사래의 이름을 사라, 즉 "민족의 어머니"라고 바꾸시고 아들을 약속하셨다창17:15-21. 그녀는 그때 이미 아이를 가지기에 나이가 많았으며, 그 나이까지도 자녀가 없었다. 사라는 처음에는 믿지 못하여 웃었으나, 그럼에도 불구하고 하나님의 약속과 축복에 큰 믿음을 보이며 기뻐한다. 그녀는 구십의 나이에 "약속의 자녀"창18:1-15; 21:1-7; 갈4:28인 이삭을 낳는다.

아브라함은 이삭이 장성하자 이삭의 아내를 구하기 위해 그의 고향으로 종을 보낸다창24장. 하나님께서는 신실하게 그 종을 리브가에게로 인도하신다. 하나님께서는 그녀를 이삭의 아내로, 그리고 이스라엘 12지파의 아버지가 된 야곱의 어머니로 선택하셨다.

레아와 라헬은 같은 남자야곱와 결혼한 자매이다. 그들의 관계에는 질투와 축복이 함께 넘쳐난다. 야곱은 라반의 둘째 딸인 라헬을 사랑하였으나, 라반은 그를 속여 첫째 딸인 레아와 먼저 결혼시킨다창29장. 야곱은 그 이후에야 그가 사랑하는 여인과 결혼할 수 있었다. 레아는 이후 여섯 명의 아들을 낳았으며, 그중에는 예수 그리스도의 조상인 유다도 있었다. 라헬은 요셉을 포함한 두 아들을 낳았다창30:22-24; 35:18. 요셉은 이후 애굽의 총리로 애굽을 다스리게 되며, 심각한 기근 때 그의 형제 유다와 다른 모든 가족들을 구원한다창37-50장.

족장의 아내들

창세기

아브라함과 결혼한
사라

하나님께서 그녀의 이름을
사래에서 사라로 바꾸시고
그녀를 "민족의 어머니"라
부르심
17:15–16

하나님께서는 그녀가 나이
들어서 이삭을 낳게 하심
17:17; 21:1–3

127세까지 삶
23:1–2

이삭과 결혼한
리브가

아브라함의 아들
이삭과 결혼
24:67

쌍둥이 에서와
야곱을 낳음
25:24–26

야곱이 에서의 장자권을
훔치는 것을 도움
27:6–10

야곱과 결혼한
레아와 라헬

레아의 아버지는
야곱이 사랑하는 라헬과
결혼할 수 있음에도
그를 속여 언니인 레아와
결혼시킴
29:23–30

여섯 아들을 낳음
30:19–20

딸 하나를 낳음
30:21

이삭의 아들 야곱의
두 번째 부인이 되어,
첫 번째 부인인 레아보다
많은 사랑을 받음
29:30

첫 아들 요셉을 낳음
30:22–24

두 번째 아들 베냐민을
낳다가 죽음
35:16–18

요셉

가장 낮은 곳에서 가장 높은 곳으로

요셉의 인생은 고난 중의 믿음이 사람을 어떻게 더 큰 축복으로 인도하는지를 잘 보여 준다. 요셉은 어린 시절부터 그가 하나님에 의해 큰일을 하도록 운명 지어졌다는 사실을 알았다. 그는 형제들과 아버지가 자신에게 절하는 꿈을 꾸기도 했다창37:1-11. 그러나 이러한 비전이 이루어지기 전에, 요셉은 여러 차례 어려움에 직면하며 하나님에 대한 믿음을 계속해서 유지해야만 했다.

요셉이 어렸을 때, 그의 형제들은 골칫거리였던 그를 노예로 팔아버린다창37:12-28. 요셉은 성실하게 일하여 그를 산 주인의 신임을 얻었지만 곧 더 큰 역경에 직면한다. 주인의 아내가 요셉을 유혹했으나 그가 거절하자, 거꾸로 요셉이 자신을 유혹하려 했다고 거짓으로 그를 고발한다. 요셉은 감옥에 던져진다. 그러나 하나님께서는 그와 동행하신다창39장.

감옥에서 요셉은 간수장의 업무를 대신하는 지위에 이른다. 그는 그의 동료 죄수인 바로의 관리들의 꿈을 해석해 준다. 그때 감옥에는 술 맡은 관리와 떡 굽는 관리가 있었는데, 요셉의 해석대로 술 맡은 관리는 풀려나나 떡 굽는 관리는 처형되고 만다. 그러나 술 맡은 관리는 요셉의 도움으로 감옥에서 풀려난 이후에도 바로에게 요셉에 대해 말하지 않는다. 요셉은 죄수로 2년을 더 보낸다창40; 41:1.

2년 후 요셉에게 마침내 기회가 주어지자, 그는 바로의 꿈을 성공적으로 해석한다. 바로는 요셉을 애굽의 총리로 임명한다창41장. 이 사건은 로마서 8장 28절의 말씀, "우리가 알거니와 하나님을 사랑하는 자 곧 그의 뜻대로 부르심을 입은 자들에게는 모든 것이 합력하여 선을 이루느니라"의 좋은 사례를 보여준다.

결국, 요셉의 가족은 그의 꿈대로 요셉에게 절하게 된다. 이때 요셉은 형제들이 자신을 노예로 판 악한 행위를 하나님께서 선을 위해 사용하셨다고 확신하는 고백으로 놀라운 겸손과 믿음을 보여 준다.

히브리서 11장 22절은 다음과 같이 말하고 있다. "믿음으로 요셉은 임종시에 이스라엘 자손들이 떠날 것을 말하고 또 자기 뼈를 위하여 명하였으며." 인생의 마지막 순간까지, 요셉은 이스라엘 백성이 약속의 땅에 돌아가리라는 하나님의 약속을 믿었다.

요셉의 인생

창세기

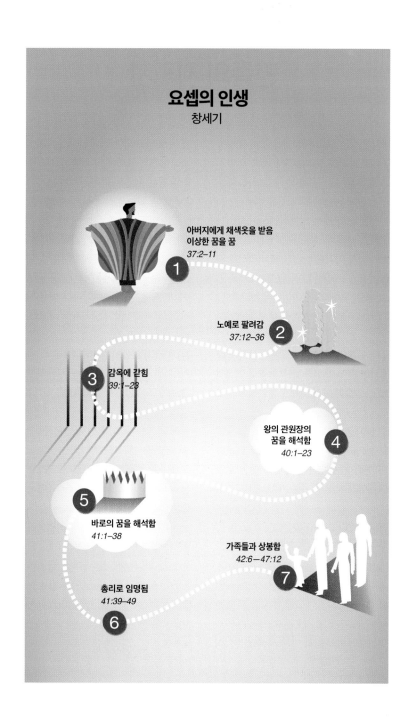

아버지에게 채색옷을 받음
이상한 꿈을 꿈
37:2–11

1

노예로 팔려감
37:12–36

2

3 감옥에 갇힘
39:1–23

왕의 관원장의
꿈을 해석함
40:1–23

4

5 바로의 꿈을 해석함
41:1–38

가족들과 상봉함
42:6–47:12

7

총리로 임명됨
41:39–49

6

모 세

민족의 지도자

모 세의 인생은 그의 백성을 인도하시는 하나님의 능력을 보여준다. 모세의 이야기는 애굽의 왕인 바로가 늘어나는 히브리 노예들이 국가의 안전에 위협이 된다고 두려워하는 시점에서 시작된다. 바로는 히브리인들이 늘어나 반란을 일으킬 것을 두려워한 나머지, 태어나는 모든 히브리 남자 아기를 나일 강에 버리라고 명령한다출1:15-16, 22. 하지만 "믿음으로 모세가 났을 때에 그 부모가 아름다운 아이임을 보고 석 달 동안 숨겨 키움으로 왕의 명령을 무서워하지 아니하였다"히11:23. 그러나 아기를 더 이상 숨기기 어려워지자, 모세의 어머니는 그를 안전하게 갈대상자에 담아 강에 떠내려 보낸다. 결국 역설적이게도, 바로의 딸이 아기 모세를 발견하게 되고 그를 양자로 삼는다출2:5-10.

이후, 애굽 왕자로 장성한 모세는 이스라엘 노예를 괴롭히던 애굽인을 죽인 것을 계기로 애굽에서 도망친다출2:11-15. 모세는 "장성하여 바로의 공주의 아들이라 칭함 받기를 거절하고 도리어 하나님의 백성과 함께 고난 받기를 잠시 죄악의 낙을 누리는 것보다 더 좋아하였다"히11:24-25. 그는 미디안으로 도피한다. 그곳에서 결혼을 하고 아이를 가졌으며, 40년 동안 양떼를 돌보았다. 양떼를 돌보는 일은 애굽인들이 혐오하는 직업이었다출2:16-22. 사진이나 그를 추적할 수 있는 현대적 수색 방법이 없었기 때문에, 모세는 만족스럽게 이집트에서의 삶과 그가 저질렀던 범죄를 뒤로 하고 도망자로서 살았을 것이다.

하나님께서 모세를 불러 애굽으로 돌아가 이스라엘 백성을 데리고 나오라고 하실 때, 모세는 거부하였다. 그는 심지어 자신이 애초에 그 일을 할 수 있을지도 의심한다출3-4장. 그러나 하나님께서는 모세와 같이 자격이 없어 보이는 사람도 위대한 일을 성취하는 데 사용하실 수 있다는 사실을 증명하신다. 모세는 하나님을 완전히 의지하며 이스라엘 백성을 구원한다. 바로가 모세의 요구를 들어주지 않자 모세는 하나님의 힘을 빌려 애굽에 열 가지 재앙을 내리고, 백성들을 이끌고 홍해에 다다랐을 때는 바다를 갈라 백성들이 무사히 건너게 한다. 애굽의 군사들이 뒤따라오자 홍해가 다시 합쳐져 군사들은 모두 잠긴다. 하나님께서는 이를 두고 오랜 세월이 흐른 후 사도 바울에게, "내 능력이 약한 데서 온전하여짐이라"고 후12:9고 말씀하셨다.

모세가 부름을 받았을 때부터, 그의 인생은 하나님의 말씀을 신뢰하고, 하나님의 메시지를 전하고, 하나님의 행하심을 목격하는 삶이었다. 모세는 종종 하나님께 순종하다 어려움에 처하기도 했다. 하지만 하나님께서는 언제나 모세를 구원하신다. 하나님께서는 모세를 통하여 백성들이 지켜야 할 법과 도덕을 담은 율법시내 산 언약을 주셨고, 약속의 땅 가나안에 들어가기 전 광야에서 이스라엘 백성을 인도하는데 모세를 사용하신다출20장.

모세의 인생

① 공주에 의해 구출됨
출2:1-9

② 왕궁에서 자라남
출2:10

③ 미디안으로 도망
출2:11-22

④ 불타는
떨기나무
출 3장

⑤ 애굽으로의 귀환: 열 가지 재앙
출7:1-12:30

⑥ 출애굽: 홍해를 건넘
출12:31-15:21

⑦ 십계명을 받음
출20:1-17

⑧ 약속의 땅으로
백성들을 인도함
신31:1-8

여 호 수 아

하나님의 정탐꾼

에브라임 지파인 눈Nun의 아들 여호수아는 모세를 섬기는 사람이며, 이스라엘의 인도자이다민11:28. 하나님께서 모세에게 이스라엘 백성에게 주시기로 한 약속의 땅을 정탐하기 위해 12명의 정탐꾼을 보내라고 명령하실 때, 모세는 에브라임 지파의 대표로 여호수아를 택한다민13:8, 16.

여호수아

약속의 땅, 가나안을 정탐함
민13:16, 14:30

여리고 성을 정복함
수6:1-21

소년 때부터 모세를
수종 듬
민11:28

모세의 후계자로
지명됨
민27:12-23

하나님의 지시를 받음
수 1:1-9

이스라엘을 이끌고
요단을 건넘
수3:5-17

이스라엘을 이끌고
언약을 갱신함
수8:30-35

**태양이 머물기를 구하고,
아모리 족속을 무찌름**
수10:7-14

돌아온 12명의 정탐꾼들은 그 땅이 진실로 하나님의 약속처럼 풍요로 가득 차 있다는 데 동의한다. 그러나 그들 중 열 명은 그 땅에 사는 사람들이 너무 강해서 이길 수 없다며 두려워한다. 이 열 명은 이스라엘 백성들이 약속의 땅에 들어갈 수 없을 것이라며 백성들의 사기를 꺾고 낙담케 했지만, 여호수아와 갈렙은 하나님의 뜻에 순종하자고 백성들을 독려한다민 14-9장.

이스라엘 백성은 두려워하며 겁먹은 열 명의 정탐꾼들의 충고를 따른다. 믿음이 없는 백성들은 광야에서 40년을 방황하게 된다. 12명의 정탐꾼 중에서 오직 여호수아와 갈렙만이 약속의 땅에 들어간다민14:10-38. 모세는 죽기 전 여호수아를 자신의 후계자, 즉 이스라엘의 새로운 지도자로 지목한다민27:12-23.

모세가 죽은 후, 하나님께서는 여호수아와 함께할 것을 약속하시고 그에게 승리를 주신다수1:1-9. 백성들은 그들이 이전에 모세를 따랐듯이 여호수아를 따르고 복종하겠다고 약속한다수1:16-18.

여호수아는 이스라엘 백성을 이끌고 전쟁에서 연이어 승리하고, 약속의 땅을 정복한다.

하나님께서는 계속해서 놀라운 힘과 은혜로 적의 성벽을 무너뜨리시고, 여호수아가 간절히 기도하였을 때는 태양을 멈추기도 하신다수6; 10:7-14. 여호수아는 이 덕분에 전투를 계속할 수 있었고, 결국 승리를 거둔다. 하지만, 여호수아도 보물을 전부 없애라는 하나님의 명령을 어기고 일부를 보관하여 패배를 맛보기도 한다수 7장. 하나님을 사랑하는 여호수아는 이스라엘 백성이 다시금 하나님과 언약하도록 이끈다수8:30-35. 약속의 땅을 정복한 후, 여호수아는 이스라엘 백성들을 하나로 모으고 오직 하나님만을 경외하고 섬기라고 당부한다수 24장.

미 리 암 과 드 보 라

두 여선지자

미리암과 드보라는 구약에서 가장 중요한 여인들이다. 미리암은 이스라엘이 애굽에서 탈출할 때 중요한 역할을 수행하고, 드보라는 사사 시대에 이스라엘을 이끈다.

미리암은 애굽에서 이스라엘 백성이 400년간 노예로 있었던 시대의 말미에 태어난다민26:59. 모세와 아론의 누이인 미리암은 인도자미6:4이자 여선지자출15:20-21의 역할을 수행한다. 출애굽을 하면서, 하나님께서 홍해를 가르는 기적을 행하셔서 애굽의 추적자들을 물리치셨을 때출 14장, 미리암과 모세는 노래를 짓는다. 그들은 이스라엘 백성들이 하나님의 무한한 사랑을 찬송하게 한다.

"모세와 이스라엘 자손이 이 노래로 여호와께 노래하니 일렀으되 내가 여호와를 찬송하리니 그는 높고 영화로우심이요 말과 그 탄 자를 바다에 던지셨음이로다"출15:1.

이스라엘의 모든 지도자들의 삶과 마찬가지로, 미리암도 살면서 성공과 실패를 함께 겪는다. 예를 들어, 미리암과 아론이 모세를 질투하여 도전할 때, 하나님께서는 그녀를 쳐서 나병이 걸리게 하신다. 이후 모세의 중재로 하나님께서는 그녀를 낫게 하신다민12:1-15. 후에 십계명을 다시 새길 때 모세는 이스라엘에게 다음과 같이 경고한다.

"너희는 네 하나님 여호와께서 미리암에게 행하신 일을 기억할지니라"신24:9.

드보라는 이스라엘 백성들이 그들의 죄로 인하여 가나안에게 탄압받을 때 이스라엘을 이끈다삿4:1-4. 하나님의 지시에 따라 그녀는 바락에게 군사를 이끌고 이스라엘의 적을 물리치라고 명령한다. 바락이 그녀 없이 전쟁에 가기를 거부하자, 그녀는 용감하게 그와 함께 전장으로 나아간다. 전쟁에서 그녀는 가나안을 무찌르는 영예가 여인에게 돌아갈 것을 예언하고, 이 예언은 성취된다삿4:17-22.

홍해가 갈라졌을 때의 미리암과 모세같이, 드보라와 바락도 승리의 노래를 짓는다. 다시 한 번, 하나님의 지도자들은 이스라엘 백성을 이끌어 적으로부터 자신들을 구원하신 하나님께 경배와 감사를 드린다.

두 여선지자

미리암 MIRIAM

선지자이며 찬송하는 자
출15:21-21

레위 족속으로 모세와 아론의 누이
민26:59

출애굽할 때의 지도자
미6:4

드보라 DEBORAH

이스라엘의 사사
삿4:4-5

선지자
삿4:14

시인이며 찬송하는 자
삿 5장

룻과 보아스

예수의 계보를 잇는 여인

이스라엘의 사사 시대에 룻이란 이름을 가진 한 모압 여인이 모압으로 이주해 온 이스라엘 남자와 결혼한다. 하지만 룻의 남편은 곧 죽고, 그녀는 과부가 된다. 룻의 시어머니 나오미는 미망인이었으므로, 룻은 자신만을 생각하여 모국에서 재혼하는 대신 시어머니 나오미와 함께 유다로 돌아간다. 룻은 다음과 같이 시어머니 나오미에게 고백한다. "어머니의 백성이 나의 백성이 되고 어머니의 하나님께서 나의 하나님이 되시리이다"룻1:16.

두 여인이 베들레헴에 도착한 후, 룻은 나오미와 자신의 식량을 마련하기 위해 남의 보리밭에서 이삭을 줍는다 하나님의 법은 추수하는 자들에게 밭의 가장자리를 수확하지 않고 남겨 놓아 가난한 자와 외국인들이 이삭을 주울 수 있도록 한다. 레위기 19장 9-10절 참조. 룻은 보아스라는 남자의 밭에서 이삭을 주웠다. 그는 룻을 보고 그녀에 대해 알아본다. 그는 나오미를 정성껏 섬기는 룻의 이야기를 듣고 그녀에게 음식을 주고 자신의 하인들과 함께 곡식을 거둘 수 있게 하며, 그녀가 안전할 수 있도록 조치를 취한다룻2:1-7.

시간이 지난 후, 보아스가 나오미 가족의 "기업을 무를 자"라는 사실이 드러난다룻2:20. "기업을 무를 자"란 죽은 친척이 소유한 땅을 살 수 있고, 그 친척의 미망인과 결혼을 하여 그녀를 돌보고, 그 가업을 이을 있는 책임과 권리가 있는 가까운 친척을 말한다. 나오미의 지시에 따라, 룻은 대담하게 밤중에 보아스에게 나아가 그녀를 거두어 달라고 청한다 룻3:1-15.

보아스는 먼저 "기업을 무를 자"의 자격이 있는 다른 더 가까운 친족들이 있는지 확인하고, 그녀와 결혼하려는 다른 이들이 있는지 알아본다. 그는 그 이후에 룻과 결혼한다룻4:1-12. 그들은 아들 오벳을 낳고, 오벳은 다윗 왕의 조부가 된다. 결과적으로 이방인이었던 모압 사람 룻은 예수 그리스도의 족보에 올라가게 된다마1:5.

롯과 보아스의 이야기
룻기

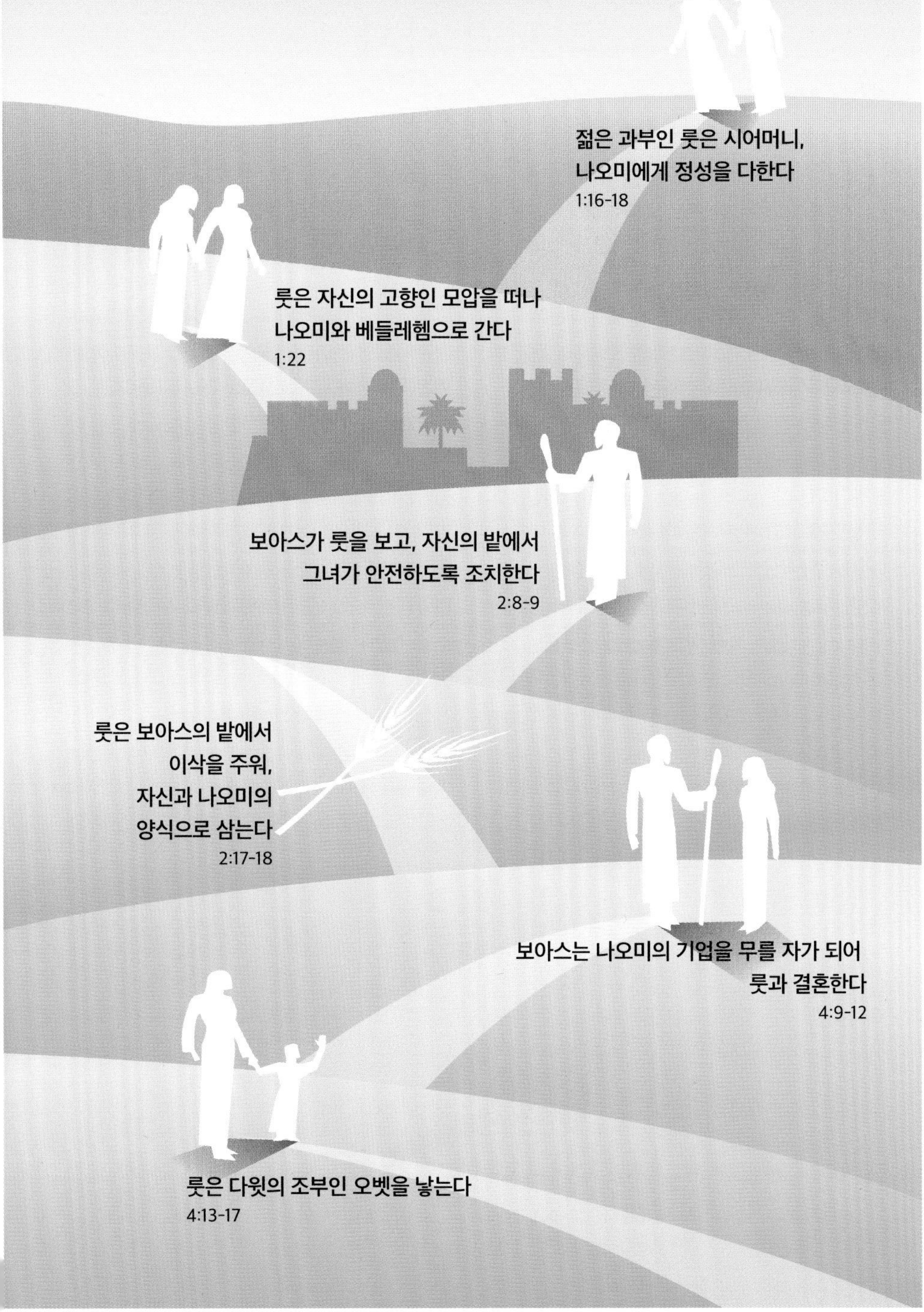

젊은 과부인 룻은 시어머니,
나오미에게 정성을 다한다
1:16-18

룻은 자신의 고향인 모압을 떠나
나오미와 베들레헴으로 간다
1:22

보아스가 룻을 보고, 자신의 밭에서
그녀가 안전하도록 조치한다
2:8-9

룻은 보아스의 밭에서
이삭을 주워,
자신과 나오미의
양식으로 삼는다
2:17-18

보아스는 나오미의 기업을 무를 자가 되어
룻과 결혼한다
4:9-12

룻은 다윗의 조부인 오벳을 낳는다
4:13-17

사무엘

마지막 사사

사무엘은 선지자이며 이스라엘의 마지막 사사이다. 하나님께서는 사무엘을 사용하여 군주제를 제정하고, 이스라엘의 처음 두 왕, 사울과 다윗에게 기름을 부으신다.

사무엘의 사역이 너무나도 대단했기 때문에, 그의 출생을 둘러싼 기적이 놀라워 보이지 않을 정도다. 사무엘의 어머니, 한나는 오랫동안 아이를 원하였지만 갖지 못했다. 어느 날, 그녀와 남편이 성전에 예배하러 갔을 때, 한나는 온 힘을 다해 기도하여 제사장 엘리의 눈에 술 취한 사람처럼 보일 정도였다. 그녀는 기도하며, 만일 하나님께서 아들을 주신다면 그 아들을 하나님께 바칠 것을 서원한다삼상1:1-18. 일 년 후 한나는 "하나님께서 들으셨다"라는 히브리 이름을 가진 사무엘을 낳는다삼상1:19-20. 한나는 서원에 따라 사무엘이 젖을 떼자, 그가 하나님의 집에서 자라나도록 엘리에게 맡긴다.

사무엘은 하나님의 말씀을 듣거나, 환상을 보는 일이 드문 시대에 자라났다삼상3:1. 어린 시절, 하나님께서는 사무엘이 잠자려고 누웠을 때, 사무엘이 들을 수 있도록 말씀하시며 그의 이름을 부르신다. 엘리는 그에게, "여호와여 말씀하옵소서 주의 종이 듣겠나이다"삼상3:9 라고 답하라고 가르친다. 하나님께서는 사무엘에게 엘리의 아들이 악하고 엘리가 그들을 책망하지 않기 때문에 그의 집에 심판이 있을 것이라고 말씀하신다. 비록 사무엘은 엘리에게 이 메시지를 전하는 것이 두려웠지만, 성실하게 하나님의 말씀을 전한다삼상3:11-18.

사무엘은 성인이 된 후 이스라엘의 선지자로 인정받는다삼상3:19-21. 사역을 시작한 지 얼마 되지 않아, 이스라엘의 오랜 적인 블레셋이 이스라엘을 격퇴하고 언약궤를 탈취해 간다.

언약궤는 이스라엘에게 하나님의 임재를 나타내는 증거였다. 엘리와 그의 두 아들은 언약궤가 빼앗기던 날에 죽는다삼상4장. 블레셋이 언약궤를 자신들의 신전에 놓자, 하나님께서는 그들의 신상을 부수시고 블레셋을 독한 종기로 치신다삼상5:1-6. 일곱 달이 지난 후 블레셋 사람들은 언약궤를 이스라엘로 돌려보낸다삼상 6장. 이때, 사무엘은 사람들에게 우상을 버리고 하나님께로 돌아오

사무엘 사무엘상

| 하나님께
드려짐
1:24-28 | 하나님께서
부르심
3:1-10 | 이스라엘의
사사가 됨
7:15-17 | 사울을 통치자로
기름 부음
10:1 | 다윗을 왕으로
기름 부음
16:11-13 | 죽음
25:1 |

라고 가르친다삼상7:2-6. 이후 블레셋이 다시 공격한다. 사무엘은 하나님께 기도와 희생 제사를 드리고, 이번에는 이스라엘이 블레셋을 무찌른다삼상7:7-14. 사무엘의 마지막 사사로서의 역할 중에는 그의 고향으로부터 이스라엘의 전 지역을 순회하면서 백성들의 분쟁을 재판하는 일도 있었다. 그는 또한 고향, 라마에 하나님께 제단을 세운다삼상7:15-17. 사무엘은 나이든 후, 그의 아들들을 사사로 임명하였는데, 그들은 사무엘이 행했던 대로 하지 않는다삼상8:1-3. 이 때문에 이스라엘 백성들은 사무엘에게 왕을 기름 부을 것을 요구한다삼상8:4-5. 사무엘은 주저하나, 하나님께서는 그에게 "그들의 말을 들어 왕을 세우라"라고 말씀하신다삼상8:22. 하나님께서는 또한 사무엘에게 왕이 된 자가 결국 그들을 억압하리라 백성들에게 경고하라고 말씀하신다삼상8:6-18.

하나님께서는 사무엘에게 베냐민 지파의 청년 사울을 왕으로 세우라고 지시하신다. 사울을 이스라엘의 초대 왕으로 기름 부은 후, 사무엘은 사울을 한 무리의 선지자들에게로 이끈다. 하나님께서 사울에게 새로운 마음을 주시자 그는 예언하기 시작한다삼상10:5-9. 처음에, 사울은 이러한 하나님의 뜻을 받아들이기 주저한다. 사무엘이 그의 왕권을 선포하려 할 때 사울은 숨으려고 하나, 하나님께서는 그가 숨은 곳을 드러나게 하신다삼상10:17-24. 백성들은 사울을 왕으로 받아들인다. 사무엘은 백성들에게 "왕의 권리와 의무"를 설명하고, 이를 책에 기록하여 하나님 앞에 보관한다삼상10:25.

사울이 이스라엘 도시를 공격하는 암몬을 물리친 후, 사무엘은 자신의 사명을 다했음을 선언한다. 마지막 연설에서, 사무엘은 이스라엘 백성들에게 자신이 지도자로서 잘못 행한 점을 지적할 수 있도록 한다. 백성들은 아무런 불만이 없음을 확언한다. 사무엘은 흠이 없었다. 그는 이스라엘 백성들에게 왕을 요구한 일은 악을 행한 것임을 상기시킨다. 그는 다음과 같이 연설을 마친다. "너희는 여호와께서 너희를 위하여 행하신 그 큰일을 생각하여 오직 그를 경외하며 너희의 마음을 다하여 진실히 섬기라. 만일 너희가 여전히 악을 행하면 너희와 너희 왕이 다 멸망하리라"삼상12:24-25.

사무엘이 물러나고, 사울은 이스라엘에 대한 모든 권위와 책임을 갖는다. 사울은 겸손하게 왕으로서의 직무를 시작했으나, 블레셋과의 전쟁에서 하나님께 불순종하여 새로운 국면을 맞는다. 사울은 사무엘의 도착을 기다리지 않고, 직접 제사장에게만 허락된 희생 제사를 드린다삼상13:1-12. 사무엘은 도착해서, 사울을 꾸짖고 하나님께서 왕을 그의 마음에 맞는 사람으로 바꾸실 것이라고 말한다삼상13:13-14.

하나님께서 사울 왕을 버리실 때, 사무엘은 그를 위하여 통곡한다삼상15:35-16:1. 하나님께서는 곧 사무엘에게 다윗을 왕으로 기름 부으라고 명령하신다삼상 16장. 비록 사무엘이 소년인 다윗에게 기름 부었지만, 다윗은 여러 해 동안 왕이 되지 못한다. 심지어, 다윗은 사울을 섬기다가 사울의 시기로 인해 도망자가 된다. 다윗은 사울에게서 도망쳐 라마에 있는 사무엘과 그의 선지자들에게로 간다삼상19:18. 사울과 그의 전령들이 다윗을 찾아 죽이기 위해 라마에 이르렀을 때, 그들은 하나님의 영에 의해 압도당하고 사무엘을 따라 예언한다삼상19:19-24. 다윗과 사무엘은 생명을 구한다. 마지막에 사무엘은 이스라엘이 다윗을 새로운 왕으로 세우기 전에 죽는다삼상25:1.

사울

최초의 왕

이스라엘 백성들이 사무엘에게 자신들을 다스릴 강력한 왕을 요구한다삼상 8장. 하나님은 이스라엘 백성들이 자신을 따르지 않고 세상의 왕을 요구하는 것이 기쁘지 않으셨지만, 그럼에도 불구하고 사무엘에게 왕을 세우라고 명령하신다. 사울은 30세에 왕이 된다삼상13:1. 통치의 시작은 밝아 보였다. 하지만 그의 인생은 재앙에 휘말리게 된다.

부친의 잃어버린 나귀를 찾아 나선 사울은 사무엘을 만나 왕으로 기름 부음을 받는다삼상9:1-10:1. 사무엘이 이스라엘 백성들을 모두 모아 사울을 왕으로 소개할 때, 그는 짐 보따리 사이에 숨어 있었다삼상10:20-24. 대부분의 이스라엘 백성이 사울을 왕으로 받아들였음에도 불구하고, 일부 "불량배"들은 사울을 왕으로 인정하지 않았다삼상10:24-27. 그러나 사울은 자신의 반대자들 앞에서 잠잠하였다삼상10:27.

사울의 재위 초기는 성공적이었으며, 그는 군대를 이끌고 주변 이방 민족과의 전쟁에서 연이은 승리를 거둔다삼상14:47-48. 하지만 그는 블레셋과의 전쟁을 치르며 점점 교만해진다. 블레셋과의 전쟁 전에 사무엘이 도착하지 않자, 사울은 하나님의 명령에 따라 참을성 있게 사무엘을 기다리지 않고 직접 하나님께 제사를 드린다삼상13:1-15.

사울과 그의 아들, 요나단은 이스라엘 백성을 이끌고 많은 승리를 거둔다. 하지만 사울은 계속해서 하나님의 명령을 무시한다. 하나님께서는 사무엘에게, "내가 사울을 왕으로 세운 것을 후회하노니 그가 돌이켜서 나를 따르지 아니하며 내 명령을 행하지 아니하였음이니라"삼상15:11라고 말씀하신다. 이에 사무엘은 사울에게 하나님께서 왕을 버렸다고 말한다.

하나님의 영이 사울을 떠나자, 악한 영이 그를 괴롭힌다삼상16:14. 다윗이라는 소년이 수금을 타서 아름다운 선율로 왕의 마음을 진정시킨다삼상16:19-23. 사무엘은 사울을 대신하여 다윗을 왕으로 기름 붓는다. 사울은 처음에는 다윗을 좋아했지만, 다윗의 인기가 많아지자 점차 그를 질투하기 시작한다. 하나님의 영과 사무엘의 조언을 잃은 사울은 절박해진다. 그는 다윗을 죽이려고 하고삼상19:8-17, 제사장을 죽이고삼상22:6-19, 율법에서 금한 신접한 여인을 찾아가기까지 한다삼상28:3-25. 결국, 사울은 블레셋과의 전쟁에서 패한 후 자살한다삼상31:1-6.

사울 왕
사무엘상

사무엘에게서 왕으로 기름 부음을 받음
10:1, 21-24

하나님의 영으로 충만케 됨
10:10-13

불순종으로 번제를 드림
13:1-15

악령에 의해 고통 받음
16:14-23

다윗을 죽이려고 노력함
19:8-24

놉의 제사장과 백성들을 죽이라고 명령함
22:14-19

신접한 자에게 의탁함
28:3-25

자살함
31:4-6

위대한 왕

이스라엘의 두 번째 왕인 다윗은 구약의 가장 중요한 인물 중 한 명이다. 음악가로서 그는 많은 시편을 지었다. 그러나 가장 중요한 것은 하나님께서 그와 언약하셨다는 사실이다. 하나님께서는 다윗에게 다음과 같이 약속하신다. "네 집과 네 나라가 내 앞에서 영원히 보전되고 네 왕위가 영원히 견고하리라"삼하7:16. 이 나라는 궁극적으로 천년 후에 다윗의 계보를 통해 오신 구세주 예수님에 의해 세워진다.

초라한 환경 속에서 태어난 다윗은 유다 지파로 베들레헴에서 양을 치는 이새의 막내 아들이다. 다윗이 어렸을 때, 하나님께서는 선지자 사무엘을 보내셔서 그를 이스라엘의 다음 왕으로 기름 붓는다삼상16:1-13.

다윗은 사울을 대신하여 왕이 되기 전, 숙련된 연주자로서 사울의 궁정에서 그를 위해 수금을 연주한다삼상16:14-23. 후에, 다윗은 구척 거인인 골리앗에게, "너는 칼과 창과 단창으로 내게 나아오거니와 나는 만군의 여호와의 이름 곧 네가 모욕하는 이스라엘 군대의 하나님의 이름으로 네게 나아가노라"삼상17:45라고 담대히 나아가 승리하여 군사적 명성을 얻는다. 하나님의 도우심으로 다윗은 양치기의 돌팔매로 골리앗을 무찔렀다삼상17:48-49.

처음에 다윗은 사울 왕의 신임을 얻어 많은 전쟁을 지휘한다. 하지만, 사울은 그보다 다윗을 더 칭송하는 이스라엘 여인들의 노래를 들은 후에 질투심에 사로잡힌다삼상18:5-9. 질투심이 커진 사울은 여러 번 다윗을 죽이려 한다. 결국 사울의 아들인 요나단이 다윗에게 경고하여 그를 도망치게 한다. 광야에 숨어 있는 동안, 다윗을 따르는 자들이 모여든다. 사울이 다윗을 추적할 때, 다윗은 적어도 두 번 이상 사울을 죽일 수 있었다삼상24:1-12; 26:2-25. 하지만 그는 사울이 하나님으로부터 기름 부음 받은 자이기 때문에 죽이지 않는다삼상26:11. 사울의 질투심은 그를 타락하게 하였고, 결국 파괴한다.

다윗은 30세에 이스라엘의 왕이 된다삼하5:1-5. 그는 많은 전쟁에서 승리하였고, 예루살렘을 탈환하여 수도로 삼는다삼하5:6-10.

다윗은 왕이 되어 많은 승리를 하지만, 여러 번 실패하기도 한다. 다윗이 하나님의 지시를 따르지 않았기 때문에, 하나님께서는 언약궤를 옮겨오는 첫 번째 시도를 허락하지 않으신다삼하6:1-11; 출25:10-15 참조. 한 번은 다윗의 아들, 압살롬이 반란을 일으킨다삼하 15장. 다윗의 가장 잘 알려진 실패는 밧세바와의 간음이다. 그녀가 임신한 사실을 알고, 다윗은 그녀의 남편 우리야를 죽게 해, 사실을 은폐하려 한다삼하11:1-21. 그리고 다윗은 밧세바와 결혼하고, 후에 이 둘의 사이에서 솔로몬이 태어난다.

통치 말기에, 다윗은 인구조사를 행하는 거만함으로 하나님의 진노를 일으킨다삼하 24장. 다윗의 죄의 결과로 하나님께서는 전염병을 보내셨고, 이로 인하여 70,000명의 백성이 죽는다. 다윗이 회개하고 희생 제사를 드리고서야 하나님께서는 전염병을 거두신다.

다윗도 다른 모든 인간의 지도자와 같이 죄와의 싸움에서 종종 패한다. 그때마다, 다윗은 진정한 회개를 하고 마음을 다하여 하나님께 돌아온다. 밧세바와의 간음 후 그는 시편 51편을 통하여 인간의 회개와 하나님의 영원하신 은혜를 표현한다. 다윗은 상하고 통회하는 심령을 멸시하지 않으시고시51:17 불의로부터 깨끗하게 하시는 하나님을 깨닫는다.

다윗은 실패에도 불구하고, 하나님의 마음에 합한 자로 묘사된다삼상13:14; 행13:22.

말년에 다윗은 하나님을 위한 영원한 성전을 짓기를 바라나, 하나님께서는 그의 아들, 솔로몬이 할 일이라고 말씀하신다대상22:7-10.

다윗은 솔로몬을 후계자로 삼고 그에게 성전 건축에 대한 지침을 제시한다. 다윗은 이스라엘을 40년간 다스린 후 70세에 죽는다.

수백 년 후 마태는 예수의 족보를 기록하면서, 다윗과 밧세바우리야의 아내, 그리고 그들의 아들 솔로몬을 메시아의 혈통에 포함시킨다마1:6.

사역 전반에 걸쳐, 예수님께서는 하나님께서 다윗과 맺은 언약에서 언급하신 다윗의 자손으로 불리고, 실제로 구주, "이새의 뿌리"사11:1; 롬15:12는 다윗의 자손으로 오신다.

예수님께서는 다윗이 실패한 하나님의 의의 나라를 성공시키는 완전한 의의 아들이다.

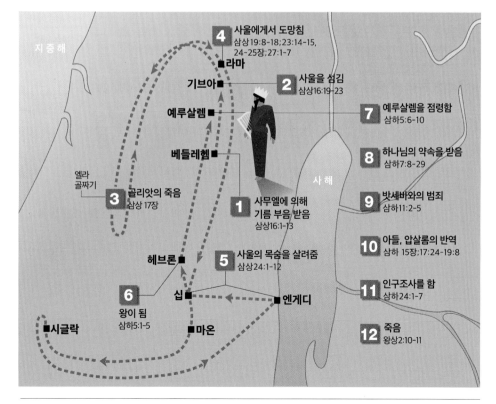

솔로몬

지혜의 축복

솔로몬은 다윗과 밧세바의 아들이다. 다윗이 그를 후계자로 지명한 후, 솔로몬은 이스라엘의 세 번째 왕이 된다. 성경의 아가서, 전도서, 그리고 잠언의 대부분은 바로 그가 지은 것이다. 비록 다윗이 밧세바에게 그녀의 아들이 이스라엘의 다음 왕이 될 것이라 약속했지만 왕상1:17, 왕위가 계승되는 데 고난이 없을 수는 없었다.

다윗의 다른 아들 중에서 아도니야는 자신이 다윗을 이을 후계자라고 공공연히 주장했다. 군 사령관 요압과 대제사장 아비아달 등이 아도니야의 왕위 계승을 지지하였다. 그러나 나단 선지자와 사독 대제사장은 솔로몬을 지지하였다. 나단은 밧세바에게 왕위 계승의 문제를 다윗에게 직접 아뢰도록 청하였고, 솔로몬에게 왕위가 계승되도록 했다 왕상1:28-40. 처음에 솔로몬은 아도니야에게 자비를 베푸나, 후에 아도니야가 밧세바를 설득하여 다윗의 처첩을 달라는 요구를 하자 그를 죽인다. 이 요구는 왕위를 달라는 말과 다름 없었다. 솔로몬은 아버지 다윗의 유언대로 요압도 죽이나, 아비아달은 다윗 때 언약궤를 매었기 때문에 살려준다 왕상2:13-34.

솔로몬은 통치 초기에, 하나님의 말씀에 순종하여 기브온에서 일천번제를 드린다. 그날 밤 하나님께서는 그의 꿈속에 나타나서, "내가 네게 무엇을 줄꼬 너는 구하라."라고 말씀하신다. 하나님께서는 솔로몬이 하나님의 백성을 다스릴 지혜를 구할 때 기뻐하시고, 그에게 부귀와 영광도 주시며 순종의 길을 걸으면 살날을 길게 할 것도 약속하신다 왕상3:3-15.

솔로몬은 한 아기를 각각 자신의 아기라 주장하는 두 여인을 재판할 때 하나님께서 주신 지혜를 보인다. 솔로몬은 아기를 반으로 잘라 절반씩 나누라고 제안한다. 한 여인은 이 제안에 동의하고 다른 여인은 아기의 생명을 살리기 위해 아기를 기꺼이 포기한다. 솔로몬은 이를 보고 진짜 어머니의 마음을 분별하고 그녀에게 아기를 줄 것을 명령한다 왕상3:16-28.

솔로몬은 동물학과 식물학을 포함하여 다양한 주제의 방대한 지식을 보유했다. 또한 그는 많은 노래들과 삼천의 잠언과 성경의 많은 부분을 기록한다. 왕상 4장 31절은 솔로몬을 모든 사람보다 지혜롭다고 묘사하고 있다. 시바 여왕과 같은 위대한 통치자들을 포함하여 많은 사람들이 솔로몬의 지혜를 듣기 위해 방문했다 왕상4:29-34; 10:1-10.

솔로몬의 가장 위대한 업적 중 하나는 성전 건축

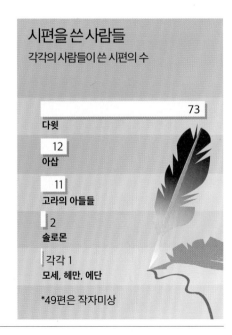

시편을 쓴 사람들
각각의 사람들이 쓴 시편의 수

다윗	73
아삽	12
고라의 아들들	11
솔로몬	2
모세, 헤만, 에단	각각 1

*49편은 작자미상

이다. 건축하는 데만 칠 년이 소요되었고, 많은 징용을 포함하여 수천 명의 노동자가 동원되었다. 솔로몬이 성전을 건축하는 동안, 하나님의 말씀이 그에게 임하여 솔로몬의 아버지인 다윗에게 한 약속을 재천명하신다. 하나님께서는 이스라엘과 함께 거하며 이스라엘을 버리지 않을 것을 약속하신다 왕상6:11-13.

솔로몬은 성전을 완성한 후 언약궤를 성전으로 옮긴다. 언약궤가 지성소에 놓이자, 하나님께서는 당신의 영광을 짙은 구름의 형태로 성전 가득 채우셔서 제사장들도 능히 서서 섬기지 못한다 왕상8:6-12. 이때 솔로몬은 하나님께 이스라엘 백성들이 성전에서 하나님을 부를 때, 백성들의 간

구를 들어 달라고 기도한다 왕상8:22-61.

왕권 초기에 솔로몬은 하나님께 순종하지만, 통치의 후반에는 그렇지 않았다. 솔로몬은 이스라엘에게 금지된 수백 명의 이방 여인들과 결혼하고 그들의 우상숭배를 계속해서 허락한다. 솔로몬은 결국 마음이 미혹되어 아스다롯, 그모스, 그리고 몰렉과 같은 이방신을 따른다 왕상11:1-8.

솔로몬의 죄악 때문에 하나님께서는 그의 아들의 때에 나라가 나누어질 것이라고 말씀하신다. 이스라엘의 12지파 중 열은 솔로몬의 신하에 의해 다스려지고, 유다만이 솔로몬의 자손들에 의해 다스려진다 왕상11:9-13, 26-40. 이 말씀은 솔로몬의 아들 르호보암의 재위 동안에 성취된다.

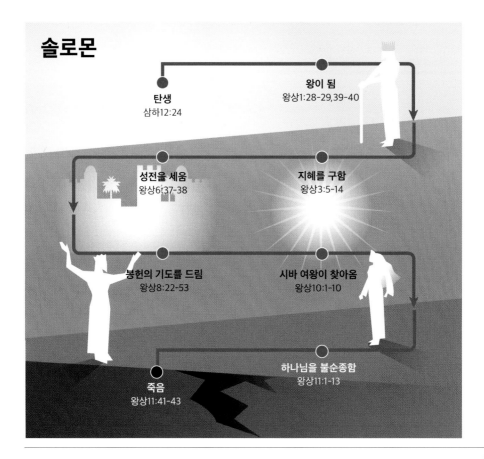

솔로몬

탄생
삼하12:24

왕이 됨
왕상1:28-29,39-40

성전을 세움
왕상6:37-38

지혜를 구함
왕상3:5-14

봉헌의 기도를 드림
왕상8:22-53

시바 여왕이 찾아옴
왕상10:1-10

하나님을 불순종함
왕상11:1-13

죽음
왕상11:41-43

이 방 민 족 들

이스라엘의 적들

애굽의 노예 시기부터 예루살렘으로 돌아가 성전을 다시 건축할 때까지 이스라엘은 항상 적의 위협 아래 놓여 있었다.

애굽을 탈출한 이후, 이스라엘은 애굽과 전쟁을 하기도 하고, 동맹을 맺기도 한다왕상3:1.

이스라엘이 약속의 땅인 가나안에 들어갔을 때, 많은 가나안 민족들이 이스라엘에 대항한다. 이스라엘의 역사 대부분은 이들과의 전쟁으로 점철되어 있으며, 이후 이스라엘은 이들 중 몇몇 을 완전히 멸족시킨다. 하나님의 백성들은 가나안, 미디안, 블레셋, 그리고 암몬 족속들과 계속해서 전쟁을 치른다.

분열 왕국의 시대에 앗수르는 이스라엘의 가장 두려운 적으로 성장한다. 이후 앗수르는 북왕국 이스라엘을 정복한다왕하15:29; 17:1-6. 한편, 바벨론은 남왕국 유다를 정복한다왕하24-25. 그리고 결국 바벨론도 메대와 바사페르시아에 의해 정복 된다단5:30-31.

이스라엘의 적들

각각의 적의 이름이 포함된 성경의 구절수

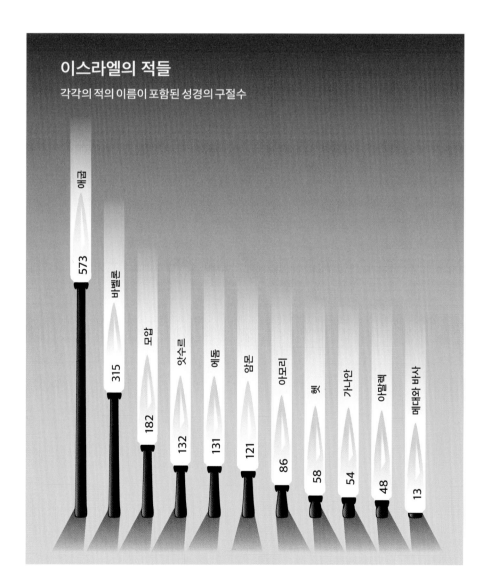

애굽 573

바벨론 315

모압 182

앗수르 132

에돔 131

암몬 121

아모리 86

헷 58

가나안 54

아말렉 48

므비보셋 13

엘리야

이방신에 맞서다

엘리야는 회오리를 통해 하늘로 승천한 사건으로 매우 유명하다 왕하2:1-11. 신약 성경에서, 예수님은 고향에서 사람들에 의해 배척당할 때 엘리야를 언급하신다 눅4:25-26. 예수님은 선지자 엘리야 또한 모든 사람들을 무작정 돕지는 않았다는 사실을 말씀하시며 호기심과 불신으로 기적을 보여 달라고 하는 사람들을 경계한다. 또한 예수님이 산에서 변모하셔서 얼굴이 해처럼 빛나고 옷이 빛과 같이 희어졌을 때, 엘리야와 모세가 나타나 예수님과 대화한다 마17:1-13.

엘리야는 이스라엘의 가장 악한 왕인 아합 왕의 통치 때 선지자로 활동한다. 아합은 가나안 신을 섬기고 이방 민족인 페니키아 공주 이세벨과 결혼한다 왕상16:29-33; 18:4. 그녀는 엘리야를 포함한 이스라엘의 선지자들을 죽이려고 한다. 엘리야는 사역 내내 아합과 대립한다.

한번은, 엘리야가 하나님이 말씀하시기 전까지 몇 년 동안 비가 내리지 않을 것이라고 아합에게 전한다. 엘리야가 이런 어려운 메시지를 전한 후, 하나님께서는 엘리야를 그릿 시냇가에 숨기시고, 그를 위해 까마귀가 먹이를 물어 나르게 하신다 왕상17:1-6. 엘리야가 머무르던 시냇가가 가뭄으로 마르자 하나님께서는 그를 한 과부의 집으로 보내신다. 그 집에는 과부와 그녀의 아들의 마지막 한 끼 식량만 남아 있었다. 그럼에도 불구하고, 과부는 하나님에 대한 커다란 믿음을 보이며 남은 음식을 엘리야와 나눠 먹는다. 엘리야는 비가 내릴 때까지 그녀의 식량이 동나지 않는 기적을 예언한다 왕상17:8-16. 그가 말한 대로 식량은 떨어지지 않았지만, 얼마 후 과부의 아들이 병으로 죽는다. 엘리야가 기도하자, 하나님께서는 소년을 되살려주신다 왕상17:17-24.

삼 년 후, 엘리야는 갈멜 산에서 아합 왕의 이방 선지자 450명과 영적 전쟁을 치른다 왕상18:16-40. 엘리야는 이방 선지자들에게 그들의 신인 바알을 불러, 준비된 제물을 태울 불을 내려 보라고 말한다. 이방 선지자들은 몇 시간 동안 바알을 불렀으나 응답받지 못한다. 엘리야가 기도하자, 하나님께서는 곧바로 하늘로부터 불을 보내시어 제물을 태우신다. 엘리야는 바알의 선지자들의 죽음을 명한다. 이후 이스라엘에 다시 비가 내린다 왕상18:45.

이세벨은 엘리야가 이방 선지자들을 죽인 데 앙심을 품고 또다시 그를 죽이려 한다. 그는 호렙산으로 도망가서 하나님의 임재를 경험한다 왕상19:7-18.

엘리야

큰 가뭄을
선포함
왕상17:1

하늘로 올라감
왕하2:1-11

하나님의
임재를 경험함
왕상19:9-16

까마귀가
먹을 것을 나름
왕상17:2-6

이세벨로부터 도망감
왕상19:1-5

사르밧 과부를 도움
왕상17:8-24

바알과
아세라의 선지자들을
무찌름
왕상18:16-40

이 사 야

심판과 구원의 예언

이사야는 이스라엘의 가장 중요한 선지자이다. 이는 이사야의 사역의 기간이 길 뿐만 아니라 그는 웃시야, 요담, 아하스, 그리고 히스기야 왕의 시기에 활동했다. 이사야서의 내용 또한 길기 때문이다. 이사야서에는 앞으로 오실 메시아에 대한 가장 잘 알려진 예언이 담겨있다 사 53장.

사역 초기에, 이사야는 믿을 수 없는 환상을 본다. 그는 하나님을 보았고, 자신의 입술이 부정하여 "망하게 되었도다"라고 외친다 사6:1-5. 이 환상 중 여섯 날개를 가진 스랍 중의 하나가 그의 입에 불붙은 숯을 놓아 죄를 정결케 한다 사6:6-7. 이후 하나님께서 이사야에게 대부분의 사람들이 하나님의 말씀을 받아들이지 않고 반역의 대가를 겪는 모습을 미리 보여주셨음에도, 그는 성실하게 하나님의 말씀을 이스라엘에게 전한다 사6:8-13.

사역 초기의 예언의 주제는 하나님의 심판이다. 이사야는 하나님께 의지하는 대신 외국의 원조에 의지하여 자신을 보호하려는 이스라엘에게 경고한다. 이사야의 생애 동안, 주변국인 앗수르는 강성하여 이스라엘을 계속해서 위협한다. 예언은 하나님을 거역한 이스라엘의 끝을 경고하고, 이들이 하나님께 순종하면 하나님께서 정결케 하실 것임을 전한다 사 1장.

이사야의 마지막 사역은 메시아 예언, 미래의 사건, 그리고 하나님의 백성들에게 선포된 소망에 대한 예언이다. 이사야 예언들 중 많은 부분은 당시에는 힘이 강하지 않았던 바벨론이 제국이 되어 이스라엘을 포로로 끌고 가는 사건과 사39:3-8, 이스라엘이 끊어져 잊히게 되는 사건 사14:22-23에 대한 내용이다. 또한 이사야는 이스라엘에 대한 하나님의 계속된 보호와 당시 강대국이었던 앗수르의 멸망을 예언한다 사37:21-38. 성경은 이사야의 죽음을 기록하고 있지 않지만, 유대에서 전해 내려오는 바에 따르면 그는 신실한 활동 때문에 톱으로 몸이 잘렸다고 한다.

이사야
이사야서

유다와 이스라엘에 대한 환상을 봄
1:1-9

하나님의 부르심에 순종함
6:1-8

바벨론에 대항하는 예언을 함
13장

앗수르의 산헤립 왕의 몰락을 예언함
37:5-7

예수에 대해 예언함
53:5-9

하나님의 영으로 기름 부음 받음
61:1-3

예 레 미 야

눈물의 선지자

눈물의 선지자로 알려진 예레미야는 백성들의 회개하지 않는 마음과 사랑하는 조국 유다의 멸망으로 인해 마음 아파한다. 선지자는 다음과 같이 절규한다. "내 눈이 눈물에 상하며 내 창자가 끊어지며 내 간이 땅에 쏟아졌으니 이는 딸 내 백성이 패망함이로다"애2:11.

하나님께서 십대의 소년이었던 예레미야를 선지자로 부르실 때, 그는 스스로가 어려서 말할 줄을 알지 못한다며 반대한다렘1:6. 그러나 하나님께서는 예레미야에게 말씀을 주어 말할 것이라고 약속하신다렘1:7-9. 하나님께서는 예레미야가 대부분의 인생 동안 직면할 많은 박해에 대해 미리 말씀하신다. 하지만 예레미야와 함께 하시어 그를 구원할 것도 약속하신다렘1:17-19.

예레미야의 초기의 예언은 이스라엘과 유다 백성들이 하나님을 버리고 가나안과 이방 민족의 신을 숭배하는데 대한 하나님의 심판을 선포한다. 몸은 할례를 했지만, 마음은 하느님을 따르지 않는 위선자들을 벌할 것이라고 선포한다렘9:25-26. 하나님께서 미리 경고한 바와 같이 예레미야와 그의 예언은 받아들여지지 않는다. 유다의 제사장들과 선지자들은 예레미야의 죽음을 요구하고, 그를 괴롭힌다렘20:1-2. 성전에 들어가는 것이 금지되자, 예레미야는 바룩을 통하여 메시지를 보내야 했다렘36:4-7. 여호야김 왕은 예레미야의 예언이 기록된 두루마리를 태운다렘36:20-32. 예레미야는 감옥에 갇힌다. 사람들은 예레미야가 기원전 586년, 예루살렘이 바벨론 제국에게 멸망할 때 예레미야애가를 기록했다고 추정한다. 이 책은 이방 제국의 힘 앞에 멸망하는 조국을 바라보는 선지자의 상심으로 가득 채워져 있다. 그러나 절망의 책에도 희망의 메시지는 존재한다. "여호와의 인자와 긍휼이 무궁하시므로 우리가 진멸되지 아니함이니이다. 이것들이 아침마다 새롭습니다"애3:22-23a.

예언대로 예루살렘이 바벨론에 정복당하고 파괴되었을 때, 예레미야는 도망가는 유대인들에 의해 강제로 애굽으로 끌려간다. 그는 애굽 역시 바벨론에게 정복될 것이라고 경고하고, 그의 남은 생애 동안 애굽, 바벨론, 그리고 다른 나라들에 대해 예언하라는 소명을 수행한다렘46:1.

포로 기간 동안 다니엘은 예레미야의 예언, "포로의 칠십 년이 지나면 백성들이 고국으로 돌아갈 것이다"라는 말씀으로 새로운 희망을 본다렘25:11-14; 단9:2.

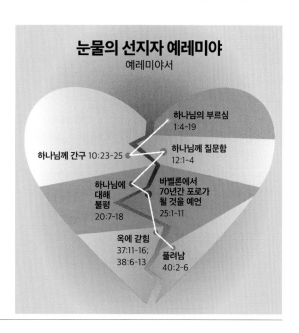

눈물의 선지자 예레미야
예레미야서

하나님의 부르심
1:4-19

하나님께 질문함
12:1-4

하나님께 간구 10:23-25

하나님에 대해 불평 20:7-18

바벨론에서 70년간 포로가 될 것을 예언 25:1-11

옥에 갇힘 37:11-16; 38:6-13

풀려남 40:2-6

다니엘

견고한 믿음

다니엘의 생애는 유다가 바벨론에게 정복당해 이스라엘 백성들이 포로로 살았던 기간 전체에 걸친다. 그는 하나님의 백성뿐 아니라 그들을 지배하는 나라에도 하나님의 말씀을 전한다. 비록 다니엘이 때로 바벨론 왕들에게 하나님의 심판의 메시지를 전하기는 했지만, 그가 신실하고 꿈과 환상을 해석하는 능력이 뛰어났기 때문에 왕들은 그를 인정한다.

다니엘은 이스라엘의 귀족으로 태어나, 어린 시절 바벨론의 포로로 끌려간다. 이스라엘의 젊은이들 중 그를 포함한 몇몇 자들이 선택되어 삼 년 동안 바벨론의 언어와 관습을 교육받는다. 이 훈련을 통해 그들은 바벨론의 관리로 종사하기 위한 준비를 마친다.

훈련기간이 끝나고, 다니엘은 바벨론의 박사 중 한 사람으로의 역할을 담당하게 된다단2:13, 17-18. 어느 날, 바벨론 왕은 복잡한 내용의 꿈을 꾼다. 그는 자신이 꾼 꿈 내용을 설명하지도 않고 박사들에게 해몽을 요구한다. 그리고 만일 이를 해몽하지 못한다면 모두를 죽이겠다고 위협한다. 하나님께서는 다니엘에게 그 꿈의 의미를 자세히 일러주셔서 다니엘과 세 친구를 구하신다단 2장. 이후 다니엘은 가장 높은 지위에 오른다.

다니엘과 그의 친구들의 이스라엘의 하나님에 대한 믿음은 계속해서 시험받는다. 바벨론의 관리들은 하나님의 첫 계명인 "나 이외에 다른 신을 네게 두지 말라"출20:3를 어기는 법을 만들어 그들이 고난에 빠지게 한다. 한번은 왕의 금상에 절하지 않는다는 이유로 다니엘의 세 친구가 풀무에 던져지고, 한 번은 왕이 아닌 하나님께 기도드렸다는 이유로 다니엘이 사자 굴에 던져진다. 그 상황에서도 그들은 계속해서 하나님을 신뢰하고, 하나님께서는 이들을 구원하신다단3:6.

노년에, 다니엘은 미래에 대한 놀라운 환상들을 본다단 9-12장. 예수님께서는 종말에 대하여 제자들을 가르치실 때 다니엘의 예언을 언급하신다마24:15; 단9:25-27; 11:31 참조.

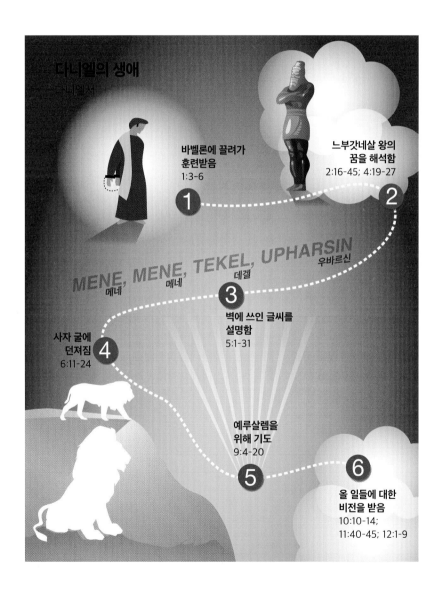

다니엘의 생애
다니엘서

① 바벨론에 끌려가
훈련받음
1:3-6

② 느부갓네살 왕의
꿈을 해석함
2:16-45; 4:19-27

MENE, MENE, TEKEL, UPHARSIN
메네   메네   데겔   우바르신

③ 벽에 쓰인 글씨를
설명함
5:1-31

④ 사자 굴에
던져짐
6:11-24

⑤ 예루살렘을
위해 기도
9:4-20

⑥ 올 일들에 대한
비전을 받음
10:10-14;
11:40-45; 12:1-9

예 수 그 리 스 도

살아 계신 하나님의 아들

예수님께서는 성경의 중심이시며, 그리스도, 기름 부은 자, 구주, 그리고 메시아로 불린다. 전통적인 기독교의 삼위일체에 대한 가르침에서 예수님께서는 하나님께서 세상을 창조하실 때 하나님과 함께 계셨다요1:1. 예수님께서는 지금 하나님과 함께 계시며, 세상은 그의 재림을 기다리고 있다히1:3.

구약은 죄와 사망에서 하나님의 백성을 구원하기 위하여 완전한 신성과 인성으로 미래에 오실 예수님에 대한 수많은 예언들을 기록하고 있다. 하나님의 독생자이신 예수님께서는 베들레헴의 마구간에서 동정녀 마리아에게서 태어난다눅2:1-7. 성경은 마리아, 혹은 그녀의 남편 요셉과 같은 몇 사람만이 "그의 아버지 다윗의 왕위를" 받은 "지극히 높으신 분의 아들"로 예수님의 정체성을 이해했다고 기록하고 있다눅1:29-33. 예수님께서는 많은 시간을 사람들로부터 숨겨진 채 자란다. 하지만 어린아이였을 때도 예수님의 지혜는 종교적인 지도자들을 놀라게 한다눅2:41-52.

삼십 세가 된 예수님께서는 공적인 사역, 즉 공생애를 시작하신다. 그는 요단 강에서 세례 요한에게 세례를 받으신다. 하늘로부터 "이는 내 사랑하는 아들이요 내 기뻐하는 자라"는 소리가 들리고 성령이 비둘기의 모습으로 예수님께 임한다마3:13-17. 그리고 예수님께서는 40일 광야에 가셔서 사단의 시험을 이기신다. 이후에, 예수님께서는 회당에 가셔서 이사야서를 펴시고, "가난한 자에게 복음과 눌린 자들에게 자유를 전파하는 주의 은혜의 해를 전하는 것"이 그의 사명임을 선언하신다눅4:18-19. 예수님께서 이 글이 오늘 성취되었다고 하는 말씀에 사람들이 놀란다눅4:21. 약 삼 년 동안, 예수님께서는 비유를 사용하시면서 하나님의 말씀을 가르치시고, 기적을 행하시며, 열정적으로 사역을 행하신다. 그는 떡 다섯 개와 물고기 두 마리로 오천 명을 먹이시고, 아픈 자를 낫게 하고, 맹인을 보게 하며, 절름발이를 걷게 하고 벙어리를 말하게 하신다.

그는 물 위를 걸으며막6:45-53, 죽음으로부터 사람들을 일으키신다눅7:11-16; 요11:11-44.

그는 사람들을 착취하고막11:15-19, 사랑을 보이기보다는 규칙만을 고집하는막3:1-6 종교적 지도자들과 대립한다.

그는 자신이 세상 죄를 위한 속죄 제물임을 말씀하시며히10:12, 자신의 환난과 죽음과 부활을 예언하신다막8:31-33; 9:30-32; 10:32-34.

예수님은 결국 체포되고, 유대인들의 고소에 의해 신성모독 죄인이 되고, 로마 법정에서 사형선고를 받고, 강도 둘과 함께 십자가에서 죽으신다. 그는 환난을 당하고 십자가에서 죽고 반석에 판 무덤에 묻히신다. 삼 일 후 그는 죽음으로부터 살아나신다. 오백 명이 넘는 사람들이 부활 후에 예수님을 본다.

승천하시기 전, 예수님께서는 자신의 권위를 재천명하고 제자들에게 성령을 보내어 "만민에게 복음"을 전파하고막16:15, "아버지와 아들과 성령의 이름으로 그들에게 세례"마28:19를 베푸는 사명을 감당할 수 있도록 능력을 주실 것이라고 약속하신다.

예수 그리스도의 생애와 사역

주요 사건 MAJOR LIFE EVENTS

탄생
눅2:1-7

어린아이 때
성전을 방문
눅2:41-52

유월절에
예루살렘에
입성
요12:12-18

제자들과의 최후의
만찬
막14:22-26

영적 싸움 SPIRITUAL BATTLE

사단의 유혹
마4:1-11

사람에게 들어간
귀신을 저주
막 5:1-20

사도들 THE APOSTLES

처음 제자들을 부르심
마4:18-22

12사도를 임명함
막3:13-19

베드로의 부인을 예언하심
눅22:31-34

물과 관련된 사건 WATER IN THE LIFE OF CHRIST

물이 포도주로 변화됨
요2:1-10

요한에게 세례 받으심
마3:13-17

물 위를 걸으심
마14:25-27, 막6:45-53

제자들의 발을 닦아 주심
요13:3-10

이적들 MIRACLES

오천 명 이상을 먹이심
오병이어 사건
마14:13-21

변모하심
마17:1-8

성전에서 장사하는
자들을 내쫓으심
막11:15-19

혈루증* 여인을 고치심
막5:25-34
*혈루증 : 만성적으로 하혈하는 병

무화과나무를 저주하심
막11:12-14, 20-25

과부의 죽은 아들을 살리심
눅7:11-17

죽은 나사로를 살리심
요11:11-14

예수님의 가르침 TEACHING OF JESUS

기도의 본보기
마6:5-15

기도의 능력에 대해
가르치심
눅11:5-13

제자도에 대하여
가르치심
막8:34-38

어린아이들을 축복하심
막10:13-16

자신의 죽음과 부활을
예언하심
막8:31-33; 9:30-32;
10:31-34

성령을 보내실 것을
약속하심
요14:1-21

특별한 만남 POWERFUL PEOPLE INTERACTIONS

삭개오를 만나심
눅19:1-10

간음한 여인을 구원하심
요8:1-117

죽음과 부활 DEATH AND RESURRECTION

체포됨
마26:47-56

십자가에
죽으심
요19:16-37

죽음으로부터
부활하심
마28:1-10

부활 후에 제자들에게 나타나심
눅24:36-49

승천하심
막16:19

베드로

첫 번째 제자

시몬 베드로는 예수님을 만날 당시에 갈릴리 바다의 어부였다. 베드로의 형제인 안드레가 먼저 예수님이 하나님께서 택한 자라는 세례 요한의 선포를 듣는다요1:34. 안드레는 그 즉시 베드로에게 달려가 메시아를 보았다고 말한다. 그 후 예수님께서는 해변에 있던 그들을 만나서 베드로에게 그물을 뒤로 하고 사람을 낚는 자가 되기 위해 자신을 따르라 명하신다요1:35-42; 눅5:1-11.

예수님께서는 종종 사역 중 베드로, 야고보, 그리고 요한과 함께 하신다. 이 때문에, 베드로는 많은 기적을 경험한다. 예를 들어, 베드로는 예수님께서 회당장의 딸을 죽음에서 일으키시는 자리에 있었다눅8:51-56. 베드로는 예수님께서 모세와 엘리야에게 말씀하시는 것을 목격한 소수의 사람들 중 한명이다. 베드로는 예수님이 그의 아들이라고 말씀하시는 하나님의 말을 듣기도 한다막9:2-7.

베드로는 여러 번 용기 있는 제자로서 행동한다. 제자들이 물 위로 걸어오시는 예수님을 보고 유령으로 오해할 때, 베드로는 그리스도의 부르심에 즉각적으로 나아간다. 그 자신도 물 위를 걷기도 한다마14:22-31. 예수님이 그의 제자들에게 당신을 누구라고 믿느냐고 물으실 때, 베드로는 제일 먼저 대답한다. 그는 예수님께서는 "그리스도이고, 살아계신 하나님의 아들"이라고 고백한다마16:16. 예수님께서는 시몬을 반석이란 의미의 게바히브리 이름 또는 베드로헬라어 이름라고 부르신다마16:18.

베드로는 예수님과 가까운 핵심 지도자였지만 예수님과 대립하기도 한다. 예를 들어, 베드로는 메시아가 환난과 죽임을 당해야 한다는 사실에 대해 예수님과 논쟁한다마16:21-23. 더군다나, 베드로는 결코 예수님을 버리지 않는다고 말했지만, 예수님께서 잡히신 후 예수님을 세 번 부인한다막14:27-31, 69-72.

예수님은 죽음에서 부활하신 후에, 베드로에게 말씀하신다. 비록 베드로가 예수님을 부인하여 부끄러움을 느낄지라도, 예수님께서는 승천하시기 전에 그를 용서하고 하나님의 양떼를 돌보는

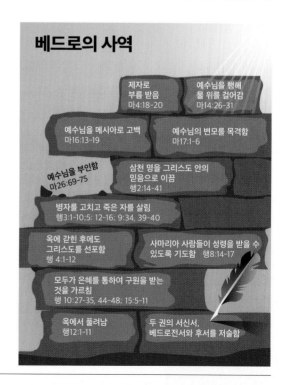

베드로의 사역

제자로 부름 받음 마4:18-20

예수님을 행해 물 위를 걸어감 마14:26-31

예수님을 메시아로 고백 마16:13-19

예수님의 변모를 목격함 마17:1-6

예수님을 부인함 마26:69-75

삼천 명을 그리스도 안의 믿음으로 이끔 행2:14-41

병자를 고치고 죽은 자를 살림 행3:1-10;5: 12-16; 9:34, 39-40

옥에 갇힌 후에도 그리스도를 선포함 행 4:1-12

사마리아 사람들이 성령을 받을 수 있도록 기도함 행8:14-17

모두가 은혜를 통하여 구원을 받는 것을 가르침 행 10:27-35, 44-48; 15:5-11

옥에서 풀려남 행12:1-11

두 권의 서신서, 베드로전서와 후서를 저술함

그의 사명을 재확인해 주신다요21:15-19.

후에, 베드로는 성령이 부어진 오순절에 다른 제자들과 함께 한다. 그날 베드로는 설교를 하고, 삼천 명의 사람들이 그리스도를 따른다행 2장. 베드로는 치유행3:1-10; 5:12-16; 9:32-35와 죽은 자를 살리는행9:36-41 기적을 행한다. 베드로는 예수님에 대하여 설교하다가 두 번 체포되나행4:1-4; 12:3-5, 두 번째에는 천사에 의해 풀려난다행12:3-19.

초대교회의 지도자로서 베드로는 이스라엘 공동체 바깥까지 기독교의 가르침을 전한 첫 번째 사람이다행 10장. 또한 그는 유대인이 아닌 기독교인들은 구원을 위해 유대의 종교법에 따라 할례

를 할 필요가 없다는 입장에 선다행15:6-11.

초기 기독교인들은 베드로의 서신서 둘을 보존했다. 유대인 기독교인들에게 쓰인 베드로전서는 환난에 대한 교회의 가르침을 포함한다. 베드로후서는 잘못된 가르침을 반박하고 앞으로 올 "주님의 날"을 설명하고 있다.

몇몇 성경에 드러나지 않은 기록들에서는 베드로가 종교 지도자들의 탄압으로 죽임을 당했다는 점에서 그리스도와 유사하다고 한다. 교회에서 전해지는 바에 따르면, 베드로는 예수님과 동일한 방식으로 십자가에 매달리기를 거부하여 대신 거꾸로 매달려 죽었다고 한다.

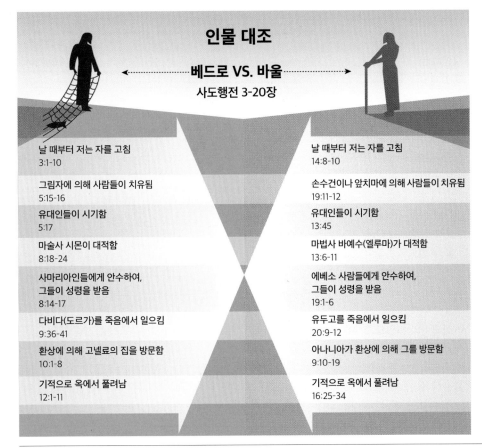

인물 대조

베드로 VS. 바울
사도행전 3-20장

베드로	바울
날 때부터 저는 자를 고침 3:1-10	날 때부터 저는 자를 고침 14:8-10
그림자에 의해 사람들이 치유됨 5:15-16	손수건이나 앞치마에 의해 사람들이 치유됨 19:11-12
유대인들이 시기함 5:17	유대인들이 시기함 13:45
마술사 시몬이 대적함 8:18-24	마법사 바예수(엘루마)가 대적함 13:6-11
사마리아인들에게 안수하여, 그들이 성령을 받음 8:14-17	에베소 사람들에게 안수하여, 그들이 성령을 받음 19:1-6
다비다(도르가)를 죽음에서 일으킴 9:36-41	유두고를 죽음에서 일으킴 20:9-12
환상에 의해 고넬료의 집을 방문함 10:1-8	아나니아가 환상에 의해 그를 방문함 9:10-19
기적으로 옥에서 풀려남 12:1-11	기적으로 옥에서 풀려남 16:25-34

바울 (사울)

박해자와 전도자

바울의 인생에는 교회를 핍박하는 자를 최고로 훌륭한 사명자로 바꾼 하나님의 능력이 나타난다. 바울은 오랜 시간 동안 사역하였고, 로마 제국 대부분의 땅에서 사역하였으며, 신약의 13권로마서, 고린도전후서, 갈라디아서, 에베소서, 빌립보서, 골로새서, 데살로니가전후서, 빌레몬서, 디도서, 그리고 디모데전후서을 저술하였다.

회개 전에 사울로 알려진 바울은 로마 제국의 주요 도시 다소에서 태어난다행22:3. 바울은 분명히 유대인이지만, 출생지로 인해 로마시민의 특권을 갖게 되고, 후에 복음을 전하는 데에 도움을 받는다 행 16:12-40; 22:24-29; 23:23-24; 25:11-12.

청년 시절의 바울은 적극적으로 교회를 탄압하였고, 하나님을 믿는다는 이유로 기독교인들을 고소했다행8:3; 9:1-2; 빌3:6. 최초의 순교자인 스데반이 돌 맞아 죽을 때, 그도 공모한다행7:58. 보수적인 유대의 바리새파의 일원으로서 바울은 유명한 랍비인 가말리엘의 문하에서 높은 수준의 이론교육을 받는다행22:3.

바울이 기독교인들을 잡으러 다메섹을 지나갈 때, 하늘에서 빛이 그의 주위를 비춘다. 그는 하늘로부터, "사울아, 왜 나를 핍박하느냐"는 소리를 듣는다. 이 그리스도와의 만남으로 인해 바울의 눈이 멀게 된다. 아나니아란 기독교인이 바울을 위하여 기도하자 그의 눈이 회복된다.

바울은 다메섹에서 세례를 받고 제자들과 함께 한다행9:2-19. 회개한 직후 바울은 아라비아 사막에 갔다가 다메섹으로 돌아온다갈1:15-20. 그는 소아시아의 도시로 돌아오기 전에 그곳에서 3년의 시간을 보낸다. 바울의 담대한 설교와 그가 기독교인들을 핍박한 일을 회개한 사실이 이 지역에 널리 퍼지자 교회를 탄압하는 자들은 그를 죽이려고 한다. 유대인의 한 무리가 다메섹에서 그를 죽이려고 하여행9:23-25 바울은 예루살렘으로 도망친다.

바울이 예루살렘에 도착했을 때, 많은 기독교인들은 그를 두려워하며 믿지 않았다. 그때 후에 바울과 함께 1차 전도여행에 참여하는 바나바가 바울을 만나고, 그의 회개가 진실이라

고난의 삶
고후6:4-10; 11:23-12:10
예수님께서는 바울에게 믿음으로 인하여 큰 고난을 당할 것을 말씀하셨고, 고린도후서는 이러한 고난에 대해 상세히 기록하고 있다.

1 박해/곤고 12:10
2 옥에 갇힘 6:5; 11:23
3 기본적 욕구의 궁핍 6:5,10; 11:27
4 위험 6:5; 11:23-26
5 개인적 어려움들 6:5,8; 11:28; 12:7
6 매 맞음/육체적 상해 6:5,9; 11:23-25

고 교회를 설득한다행9:27.

바울은 초대교회의 가장 위대한 전도자가 된다. 그는 네 차례의 선교 여행을 하고, 로마 제국 전역에 걸쳐 교회를 세우고 가르친다. 그래서 그는 이방인, 곧 유대인이 아닌 자들의 사도가 된다. 그가 교회와 자신이 임명한 지도자들을 가르치고, 바로잡고, 그리고 격려하기 위해 쓴 서신서는 신약 성경의 많은 부분을 차지하고 있다.

바울은 사역 기간 동안 많은 고난을 견딘다. 그는 탄압받고, 돌 맞고, 체포되고, 구타당하고, 난파당하고, 옥에 갇힌다. 그는 자유로울 때와 옥에 갇힐 때를 가리지 않고 항상 복음을 전한다. 결국 그는 로마에 보내지고, 교회 전승에 따르면 거기서 예수 그리스도를 믿는 믿음 때문에 목이 잘려 죽었다고 전해진다.

바울(사울)의 사역

흑 해

빌립보
실라와 함께 옥에 갇힘
행16-23-36

에베소
믿는 자들에게 예수의 이름으로 세례를 줌
행19:1-6

다소
바울의 출생
행22:3

비시디아 안디옥 ★ **이고니온** ★
루스드라 ★ ★ 더베
버가 ★
★ 안디옥
★살라미
바보★

로마
감옥 안에서 복음을 전함
행28:15-20, 30-31
죽음을 준비함
딤후4:6-8

고린도
하나님의 위로를 받음
행18:9-11

다메섹
길을 가다가 그리스도를 만남
행9:3-9

지 중 해

가아사랴

멜리데
배가 난파당함
행27:27-44; 28:1-6

예루살렘
그리스도의 사도가 됨
행9:27-28

예루살렘과 가아사랴
체포되고 옥에 갇힘
행21:27-33; 23:23-26

유다와 사마리아
기독교인들을 핍박함
행8:1-3

★바나바와 함께 선교여행하며 복음을 전함
행11:26; 13;4-6, 13-14, 51; 14:6-7

초대교회의 사역자들

믿음의 씨앗을 뿌린 사람들

예 수님의 죽음과 부활 직후 몇 년간 소위 "길"을 따르는 많은 사람들이 등장했는데, 이는 본디 그리스도를 따르는 사람들을 이르는 말이었다행9:1-2. 오늘날의 교회는 이 선구자들의 유산을 물려받았다. 그들은 예수님께서 남긴

사명인 하나님 나라의 선포를 이행하기 위해 모든 것을 바쳤다눅4:18-19. 그들이 말씀을 전파하고, 예수의 생애에 대하여 기록하고, 세계로 퍼져 있는 초대교회로 보내진 수많은 편지들을 보존하지 않았다면, 오늘날 교회의 역사는 초라하기

초대교회의 사도들, 제자들, 그리고 사역자들

아가보

율법을 따라 경건하여 유대인들의 칭찬을 받음
행22:12

다메섹에서 사는 그에게 주님이 말씀하심
행9:10-11

주님의 명령으로 바울에게 찾아감
행9:13-18

아나니아와 삽비라

소유를 팔아 자신의 이익을 취함
행4:32-35; 5:1

서원한 재산을 감춤
행5:2

아나니아는 베드로를 대적한 후에 죽음
행5:3-5

삽비라도 재산에 대하여 속인 후에 죽음
행5:7-10

아굴라와 브리스길라

고린도에서 천막을 만듦
행18:2-3

에베소로 가서 예수에 대하여 가르침
행18:18-19, 25-26

바울과 동역함
롬16:3-4

자신의 집을 교회로 제공함
고전16:19

에바브로디도

빌립보 교회에서 파송받아 바울에게 선물을 가지고 감
빌4:18

로마에서 바울이 감옥에 있을 당시에 수종을 들음
빌2:25

병으로 인하여 빌립보로 돌아 옴
빌2:26-30

아볼로

알렉산드리아에서 태어나 에베소로 감
행18:24

아굴라와 브리스길라에게 배움
행18:25-26

그리스로 건너가 신자들을 섬김
행18:27-28

그지없었을 것이다.

바울이 초대교회의 박해자였던 일을 회개하고 도를 따르는 자가 된 후에도, 예루살렘의 많은 기독교인들은 여전히 그를 두려워한다. 위로의 아들이라는 의미의 이름을 가진 바나바는 사람들을 설득하여 바울의 회개가 진실임을 받아들이게 하였고행9:26-27, 사도들의 축복 가운데 바울이 그의 사역을 확장할 수 있도록 한다. 바나바와 그의 조카 마가골4:10도 바울의 1차 전도여행을 함께 한다.

초대교회의 중요한 인물 중에는 최초의 순교자인 스데반 집사행 6-7장, 바울의 편지를 로마 교회에 전달한 겐그리아 교회의 여집사 뵈뵈롬16:1-2, 유럽에서 사역하는 제자들을 도운 아볼로행18:24-28, 그리고 아볼로가 회당에서 가르칠 때에 그를 집으로 초대하여 그에게 하나님의 길을 보다 알기 쉽게 설명해주었던 브리스길라와 아굴라 부부행18:26 등이 포함된다. 이러한 사람들이 없었다면, 교회는 오늘날까지 지속되지 않았을 것이다.

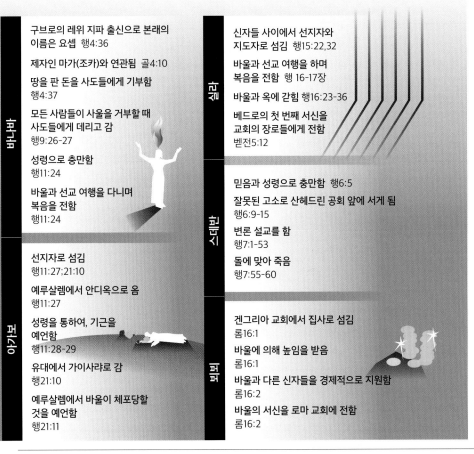

바나바
구브로의 레위 지파 출신으로 본래의 이름은 요셉 행4:36

제자인 마가(조카)와 연관됨 골4:10

땅을 판 돈을 사도들에게 기부함 행4:37

모든 사람들이 사울을 거부할 때 사도들에게 데리고 감 행9:26-27

성령으로 충만함 행11:24

바울과 선교 여행을 다니며 복음을 전함 행11:24

아가보
선지자로 섬김 행11:27;21:10

예루살렘에서 안디옥으로 옴 행11:27

성령을 통하여, 기근을 예언함 행11:28-29

유대에서 가이사랴로 감 행21:10

예루살렘에서 바울이 체포당할 것을 예언함 행21:11

실라
신자들 사이에서 선지자와 지도자로 섬김 행15:22,32

바울과 선교 여행을 하며 복음을 전함 행 16-17장

바울과 옥에 갇힘 행16:23-36

베드로의 첫 번째 서신을 교회의 장로들에게 전함 벧전5:12

스데반
믿음과 성령으로 충만함 행6:5

잘못된 고소로 산헤드린 공회 앞에 서게 됨 행6:9-15

변론 설교를 함 행7:1-53

돌에 맞아 죽음 행7:55-60

뵈뵈
겐그리아 교회에서 집사로 섬김 롬16:1

바울에 의해 높임을 받음 롬16:1

바울과 다른 신자들을 경제적으로 지원함 롬16:2

바울의 서신을 로마 교회에 전함 롬16:2

예 수 님 의 제 자 들

믿음과 순교

사역 초기에 예수님께서는 12명의 제자를 부르시고 가르치신다눅6:12-16. 예수님께서는 이 사도들, 혹은 제자들에게 병과 귀신을 다스릴 권능을 주시고 하나님의 나라를 선포하라고 보내신다마10:1-7.

예수님께서는 처음부터 12제자들에게 그들이 받을 박해에 대해 경고하신다마10:16-42. 그는 사도들을 영접하는 것과 자신을 영접하는 것이 같다고 가르친다마10:40-42.

교회의 전승과 역사에 따르면, 12제자들 중 오직 요한만이 자연사했다고 한다. 가룟 유다는 은 삼십에 예수님을 배반한 뒤, 목을 매고 죽는다마27:3-8. 유다를 대신하여 선택된 맛디아를 비롯한 다른 사도들은 믿음 때문에 순교한다.

서기 40-44년 사이에, 사도 요한의 형제 야고보가 사도 중 처음으로 순교한다. 헤롯 아그립바 1세는 야고보의 처형을 명하고행12:2, 야고보의 공개 처형이 대중의 지지를 받은 이후 계속해서 기독교인들을 체포하고 박해한다. 야고보의 순교는 유다를 제외하고 유일하게 성경에 기록된 사도의 죽음이다.

교회 전승에 따르면, 예수님 사후에 빌립은 오늘날의 터키 지역에서 복음을 전하였다. 그는 십자가에서 순교한다. 사람들의 말에 따르면 서기 54년, 지금의 파묵칼레 근처 히에라폴리스에서 십자가에 거꾸로 달려 죽었다고 한다.

전해지는 바에 따르면, 작은 야고보가 그 다음으로 순교한다. 그는 서기 63년, 예루살렘의 성전 꼭대기에서 던져진 후 성난 군중들에게 맞아 죽는다.

사역 초기에 "반석" 베드로는 믿음으로 인하여 감옥에 갇힌다행4:1-4. 유대 지도자들은 그를 협박하며 예수의 이름으로 설교하지 말라고 한다. 베드로는 사람보다 하나님에 대한 순종을 굽히지 않는다. 그는 예수의 이름으로 복음을 전파하고 기적을 행했을 뿐 아니라, 초대교회에 두 편의 서신서를 남긴다. 전승에 따르면, 베드로는 서기 64년 로마에서 자신은 예수님과 같은 방식으로 죽을 가치가 없는 자이기 때문에 십자가에 거꾸로 달리게 해달라고 요구하고, 결국 그렇게 죽임 당한다.

전직이 세리인 마태는 예수님께서 부활하신 후에 페르시아와 에티오피아성경의 에디오피아에서 사역한다. 사역 기간 동안에 그는 예수님의 생애와 사역을 기록한 마태복음을 써낸다. 교회 역사와 전승은 그가 서기 60-70년 사이에 에디오피아에서 목이 잘려 죽었을 가능성을 제시한다.

또한 교회 역사는 서기 70년, 네 명의 사도들이 순교하였다고 전한다. 베드로의 형제인 안드레는 파트라스에서 나무에 달려 죽는다. 도마는 중국과 같이 먼 지역까지 복음을 전파하였고, 인도에서 화형을 당한다. 맛디아는 아르메니아에서 복음을 전하다가 십자가에 달려 돌에 맞아 죽는다. 바돌로매는 소아시아 지역을 다니면서 복음을 전하다가 카스피 해 근처에서 십자가에 달려 죽는다.

또한 가룟 유다가 아닌 다대오라 불리는 사도 유다도 시리아, 페르시아, 그리고 아르메니아에 복음을 전파하다가 서기 72년 시리아에서 맞아 죽는다. "열심당"* 시몬은 북아프리카에서 영국 제도에 걸쳐 복음을 전하다가 서기 74년 시리아에서 십자가 처형을 당한다.

"예수께서 사랑하시는 자"요13:23; 20:2; 21:7, 20 요한은 교회 전승에 따르면 자연사한 유일한 사도다. 그는 예루살렘에서 선교하고 후에 에베소 교회의 지도자가 된다. 그는 결국 정치범으로 밧모 섬에 유배당하며, 거기서 예수님으로부터 온 환상을 보고 계시록을 쓴다. 세 개의 서신서요한1서, 2서, 3서와 복음서 하나가 요한에 의해 쓰인 것이다.

*열심당 : 로마의 지배에서 벗어난 자치를 바랐던 급진적 유대인 집단

예수님의 12제자들

야고보 JAMES
세베대와 살로메의 아들 막3:17, 15:40
사도 요한의 형제 마4:21
헤롯 아그립바 1세의 명령에 의해 최초의 순교자로서 목이 잘림
(서기 40-44년) 행12:2

베드로 PETER
요나의 아들 마16:17
사도 안드레의 형제 요1:41
로마에서 십자가에 거꾸로 매달려 순교함 (서기 64년) 요21:18-19

안드레 ANDREW
요나의 아들 마10:2; 16:17
사도 베드로의 형제 요1:41
파트라스에서 나무에 매달려 순교함
(서기 70년)

도마 THOMAS
이스라엘의 갈릴리 사람
중국과 같이 먼 곳까지 복음을 전함
인도에서 산채로 화형 당해 순교함
(서기 70년)

빌립 PHILIP
벳새다 사람 요12:21
스불론 지파의 자손
스구디아에서 복음을 전함
87세에 히에라폴리스에서 십자가에 달려 순교함 (서기 54년)

마태/레위 MATTEW/LEVI
알패오의 아들 막2:14
페르시아와 에티오피아에서 복음을 전함
에티오피아에서 목이 잘려 순교함
(서기 60-70년)

바돌로매 BARTHOLOMEW
소아시아에서 복음을 전함
인도와 아르메니아에서 복음을 전함
카스피해 근처에서 십자가에 달려 순교함 (서기 70년)

작은 야고보 JAMES THE YOUNGER
알패오의 아들 막2:14
가버나움 사람
예루살렘 성전 꼭대기에서 던져진 후 매 맞아 순교함 (서기 63년)

시몬/열심당 SIMON/THE ZEALOT
애굽과 북아프리카에서 복음을 전함
스페인과 영국 제도에 복음을 전함
시리아에서 십자가에 달려 순교함
(서기 74년)

유다/다대오 JUDAS/THADDEUS
예수님의 승천 이후, 예루살렘을 떠나 외국에 복음을 전파한 최초의 사도
시리아, 페르시아에서 복음을 전함
아르메니아에 복음을 전함
시리아에서 맞아 순교함 (서기 72년)

맛디아 MATTHIAS
가룟 유다를 대신함 행1:12-26
아르메니아에서 복음을 전함
십자가에 달려 돌에 맞아 순교함
(서기 70년)

요한 JOHN
세베대와 살로메의 아들 막3:17; 15:40
사도 야고보의 형제 마4:21
에베소 교회에서 복음을 전함
밧모 섬에 유배됨 계1:9
에베소에서 평화롭게 죽음 (서기 100년)

*

제 3 장

빠른 살피기

성경의 지리

이스라엘

✠

사해

✠

갈릴리 바다

✠

요단 강

✠

여리고

✠

예루살렘

✠

성막

✠

성전

✠

앗수르

바벨론

✠

다메섹

✠

메소포타미아

✠

애굽

✠

시내

✠

성경의 도시들

✠

교회가 세워진 도시들

✠

천국

✠

지옥

이스라엘

이스라엘의 땅

시리아-아프리카 단층의 꼭대기에 위치한 이스라엘의 땅은 상대적으로 작지만 다양한 자연 경관을 보인다. 산에서 사막, 그리고 비옥한 계곡까지 아우르는 이스라엘 땅 전체는 미국의 미시간 호수보다도 작은 면적을 차지하고 있다.

대부분의 지역은 지중해 지역과 유사한 기후를 보인다. 여름은 길고 뜨거우며, 겨울은 짧고 시원하다. 그럼에도 해발 고도, 강수량 그리고 기타 자연 현상에 따라 지역마다 현저한 기후 차이가

난다. 기온은 가장 더운 8월의 82.4°F약 28℃와 가장 추운 1월의 41°F약 5℃ 사이를 넘나든다.

네게브 사막은 이스라엘 땅의 남쪽 절반인 6,000평방 마일약 15,540㎢을 차지하고 있다. 이 지역은 연간 4인치약 100mm정도의 매우 적은 강우량을 보이는데, 이나마도 10월부터 4월까지에 집중되어 있다. 또한 사막에는 수많은 맑은 샘들도 있는데, 이 물은 석회 퇴적물을 통과하여 지표면까지 올라온다.

중앙 이스라엘에 속하는 네게브 지역은 북쪽으

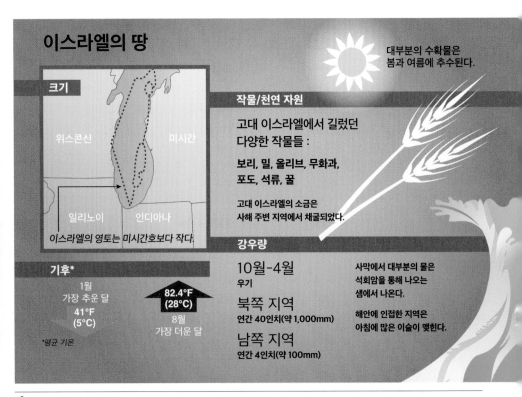

이스라엘의 땅

크기

위스콘신 　 미시간

일리노이 　 인디아나

이스라엘의 영토는 미시간호보다 작다.

기후*

1월
가장 추운 달
41°F
(5°C)

82.4°F
(28°C)
8월
가장 더운 달

*평균 기온

대부분의 수확물은 봄과 여름에 추수된다.

작물/천연 자원

고대 이스라엘에서 길렀던 다양한 작물들 :

보리, 밀, 올리브, 무화과, 포도, 석류, 꿀

고대 이스라엘의 소금은 사해 주변 지역에서 채굴되었다.

강우량

10월-4월
우기

북쪽 지역
연간 40인치(약 1,000mm)

남쪽 지역
연간 4인치(약 100mm)

사막에서 대부분의 물은 석회암을 통해 나오는 샘에서 나온다.

해안에 인접한 지역은 아침에 많은 이슬이 맺힌다.

로는 사해를 둘러싸고 있는 유다 광야까지 뻗어 있다. 사해의 서쪽 지역에 있는 유다 고원은 양과 여러 가축을 기르기에 유용한 지형이다. 고원이 지중해 방향으로 가까워질수록, 평평하고 비옥한 평원이 나타난다.

성경은 보리, 밀, 올리브, 무화과, 포도, 그리고 석류 등을 포함한 많은 작물이 이스라엘의 비옥한 땅에서 재배되었다고 기록하고 있다(신8:8. 가을에는 올리브의 수확과 함께 보리와 밀을 심기 시작한다. 봄에 이 곡물들의 수확이 이루어지고, 여름에는 무화과, 포도, 석류 등을 수확한다. 오늘날 이스라엘의 농업은 국민들의 식량 수요에 비하면 사실상 자급자족을 이루고 있다. 전통적인 작물들 대부분이 여전히 재배되고 있지만, 오늘날 이스라엘의 농업은 야채와 감귤류로도 유명하다.

사해는 지리적으로 경이롭다. 이 바다는 요단 강을 비롯한 여러 강으로부터 물을 받아들인다. 요단 강은 갈릴리 바다로부터 남쪽으로 지구상에서 가장 해발이 낮은 사해 입구까지 흐른다. 사해에서는 물이 흘러나가지 않는다. 이는 이 지역의 높은 기온과 결합하여 사해의 물이 세계에서 가장 짜고 미네랄 함량이 높도록 한다. 이 물은 너무나 염도가 높아서 어떠한 해양 생물도 생존할 수 없다. 이러한 이유로, 이스라엘 사람들은 사해를 소금 광산으로 이용했다.

이스라엘 북쪽은 남쪽보다 훨씬 더 많은 40인치약 1,000mm의 비가 내린다. 북쪽 지역은 갈멜 산맥을 포함하는데, 산맥의 동쪽으로는 중동 지역에서 가장 비옥한

땅 중 하나인 이스르엘 계곡이 있다. 이스르엘 계곡은 갈릴리 구릉지역과 이어진다. 이 지역에는 갑작스럽고, 격렬한 폭풍이 일어나는 커다란 내륙 호수인 갈릴리 바다가 있다. 갈릴리 바다 동쪽의 바산 지역에는 헬몬 산을 포함하여 눈 덮인 산들이 있다. 오늘날, 이 지역 전체를 통틀어 골란 고원이라고 부른다.

성경시대의 많은 시간 동안 이스라엘 땅에는 주요 도로가 두 개뿐이었는데, 한 도로는 지중해 해안을 따라가는 "바다 길"이고, 또 하나는 이스라엘의 서쪽 지역을 북에서 남으로 가로지르는 "왕의 대로"였다. 자주 쓰였지만 기록되지는 않은 다른 여러 길들이 지리적으로 중요한 지역과 도시를 연결했다. 오랜 시간 후 로마 제국의 통제를 받기 전까지는 모든 길이 비포장 도로였다.

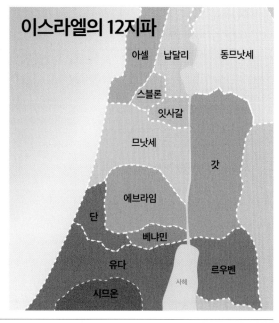

이스라엘의 12지파

아셀 납달리 동므낫세

스블론
잇사갈

므낫세

갓

에브라임

단

베냐민

유다

르우벤

사해

시므온

사해

죽음의 바다

사 해는 지구에서 가장 낮은 해수면을 가진 요단 강요르단 강 계곡 안에 위치한 내륙 호수이다. 이 호수는 요단 강, 아르논 골짜기, 작은 지류와 샘 등에서 물을 받아들이지만, 밖으로 내보내지는 않는다. 이 지역의 열기와 높은 증발량까지 합쳐져서 호수는 일반적인 바다보다 열 배 더 짜다. 이 때문에 사해에는 어떤 해양생물도 살지 않는다.

성경은 사해를 아라바 바다로 기록하고 있다신3:17. 다른 성경의 번역들에 따르면 사해는 동쪽 바다, 평원의 바다, 광야의 바다, 그리고 소금 바다로도 일컬어진다. 고대 이스라엘 시대, 사해는 나라의 남동쪽 경계의 역할을 하였다. 이 사실은 성경에 자주 언급된다. 소돔과 고모라는 사해의 해변 가까이에 위치했을지도 모른다. 두 도시는 그 사악함과 문란한 행위로 악명 높았고, 결국 하나님에 의해 멸망했다창19:25.

이 도시들이 파괴된 지 약 400년 후, 백만 명의 이스라엘 백성들이 약속의 땅에 들어가기 위해 요단 강을 건널 준비를 한다수 3장. 그들은 40년 동안 광야에서 유목 생활을 했다.

다시 400년이 흐른 후, 엔게디로 알려진 사해의 서쪽 지역이 젊은 다윗의 안전을 도와주는 피난처가 된다삼상23:29.

에스겔 47장 8-9절과 스가랴 14장 8절에는 사해로 흘러들어 가는 생명수가 언급된다. 이 물은 사람이 한 번 더 살 수 있도록 한다. 학자들은 이 예언의 해석을 놓고 비유인지, 혹은 그리스도의 재림 후에 이루어질 현실에 대한 묘사인지 논쟁하고 있다.

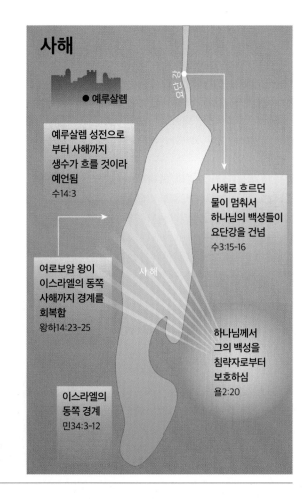

사해

● 예루살렘

요단 강

예루살렘 성전으로 부터 사해까지 생수가 흐를 것이라 예언됨
수14:3

사해로 흐르던 물이 멈춰서 하나님의 백성들이 요단강을 건넘
수3:15-16

여로보암 왕이 이스라엘의 동쪽 사해까지 경계를 회복함
왕하14:23-25

사 해

하나님께서 그의 백성을 침략자로부터 보호하심
욜2:20

이스라엘의 동쪽 경계
민34:3-12

갈릴리 바다

복음의 호수

갈릴리 바다는 북동부 이스라엘의 산악 지형으로 둘러싸인 민물 호수다. 갈릴리 호숫가 중 일부는 요르단 위쪽 지역에서 가장 비옥한 땅이다. 이 호수는 갑작스럽고, 사나운 폭풍으로 유명하다. 이 폭풍은 산에서 불어오는 강풍과 호수의 따뜻한 표면 온도가 부딪쳐 발생한다. 또한 이 호수는 긴네렛 바다구약, 게네사렛 호수눅5:1, 디베랴 바다요6:1; 21:1로도 불린다.

갈릴리 바다는 신약 성경에서 중요한 장소로 등장한다. 이곳에서 예수님께서는 처음으로 복음을 전하기 시작하시면서, "회개하라 천국이 가까이 왔느니라"마4:17 고 말씀하셨다. 예수님께서는 갈릴리 호숫가를 걷다가 최초의 제자인 안드레와 시몬 베드로를 부르신다. 이들은 호수에서 고기를 잡다가, 예수님이 부르시자 그물을 두고 떠난다. 또한 예수님께서는 이 호수에서 아버지의 배에 있는 야고보와 요한을 따라오라고 부르신다마4:21-22. 예수님의 12제자 중 11명이 갈릴리 바다 근처 출신이다.

갈릴리 바다는 예수님 사역의 많은 부분에 있어서 본거지 역할을 했다. 또한 예수님께서는 갈릴리 바다 근처에서 많은 기적을 행하신다. 호수의 성난 폭풍을 잔잔케 하셔서 제자들을 놀라게 하시고막4:35-41, 떡 다섯 개와 물고기 두 마리로 오천 명을 먹이시며요6:1-15, 물 위를 걸으시고요6:16-21, 베드로로 하여금 입에 한 세겔의 동전을 문 고기를 잡게 하시며마17:24-27, 호숫가 근처에서 많은 사람들을 치료하신다.

예수님이 십자가에 못 박히시고 부활하신 후에, 제자들 대부분이 예수님을 따르기 전에 자신이 살았던 지역으로 돌아간다. 어느 날 밤, 그들은 갈릴리 바다에서 고기를 잡고 있었다. 밤새 그물을 던졌으나 고기는 한 마리도 잡히지 않았다. 이때, 이들은 해변에서 예수님이 부르시는 소리를 듣는다. "얘들아, 너희에게 고기가 있느냐?"요21:5 처음에 이들은 예수님을 알아보지 못하고, 없다고 답한다. 예수님께서는 이들에게 말씀하신다. "그물을 배 오른편에 던지라 그리하면 잡으리라"요21:6. 이에 던졌더니 그물을 들 수 없을 정도로 많은 고기가 잡혔다. 그제야 제자들은 해변에 있는 그 사람이 죽음에서 부활하신 예수님이심을 깨닫는다요21:6-7.

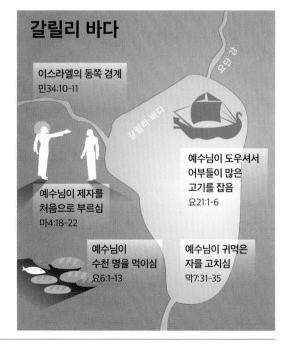

갈릴리 바다

요단 강

이스라엘의 동쪽 경계
민34:10-11

갈릴리 바다

예수님이 도우셔서 어부들이 많은 고기를 잡음
요21:1-6

예수님이 제자를 처음으로 부르심
마4:18-22

예수님이 수천 명을 먹이심
요6:1-13

예수님이 귀먹은 자를 고치심
막7:31-35

요단 강

천국으로 가는 길목

요단 강요르단 강은 구약과 신약 모두에서 중요한 역할을 한다. 요단 강은 헬몬 산에서 시작하여 이스라엘 북부의 갈릴리 바다와 사해 사이를 100마일약 160km에 걸쳐 흐르고 있다. 이 강은 해발 1,200피트약 365m의 고도에서 급격히 차이나는 해수면 아래 1,286피트약 392m깊이까지 빠르게 흐르는데, 1마일당 25피트1km당 4.7m씩 낮아지는 꼴이다.

요단 강은 창세기 13장에서 성경에 처음 등장한다. 아브람아브라함과 그의 조카 롯은 재산이 지나치게 많아져 그들의 가축과 소유를 함께 할 땅이 부족하게 되자 헤어진다. 롯은 물이 넉넉한 요단 평원요르단 평원 창13:10 내에 위치한 사악한 다섯 도시 중 하나인 소돔의 동쪽 지역으로 그의 가족과 가축들을 이동시키기로 결정하고, 아브람은 사해와 지중해 사이에 위치한 헤브론 지역으로 그의 가족들을 이동시킨다.

수십 년 후, 아브라함의 손자 야곱은 그의 형 에서를 피해 도망칠 때창27:41-28:5, 그리고 이후 그의 가족과 함께 가나안 땅으로 돌아올 때 요단 강을 건넌다. 야곱은 이 강 근처에서 하나님께 형의 복수로부터 보호해 달라고 기도했다창32:9-12. 요단 강으로 흐르는 얍복 나루는 야곱이 하나님과 씨름한 장소로 유명하다창32:22-30. 여기서 하나님께서는 야곱의 이름을 "그가 하나님과 겨루었다"라는 의미의 이스라엘로 바꾸어 주신다.

400년이 더 지나고, 야곱의 자손인 이스라엘 백성들이 노예에서 해방되어 광야를 지나 요단 강 앞에 선다. 그들은 강 동편에 천막을 치고 한동안 머무른다. 이스라엘 백성들은 강가에서 모세의 말을 듣는다. 그는 하나님의 율법을 백성에게 설명하고, 약속의 땅에서 그들이 믿음으로 살도록 준비시킨다민33:50-35:34. 하지만 모세가 사막에서 하나님께 한 번 불순종하였기 때문에, 하나님께서는 그를 통해 백성들을 그 땅으로 인도해 가는 것을 허락하지 않는다신32:48-52. 후에 이 특권은 그의 후계자인 여호수아에게 주어진다신3:21-29.

요단 강이 홍수가 날 정도로 물이 넘칠 때, 이스라엘의 새로운 지도자인 여호수아는 백성들을 모아서 하나님께 성결하도록 가르친다수3:5-15. 그는 그들에게 요단 강의 물이 한곳에 쌓이는 것을 목격할 때수3:16, 하나님께서 함께 하시는 것을 알게 된다고 말한다. 하나님께서는 강을 가르셔서 오직 당신의 능력만이 그의 백성들이 주어진 땅으로 건너가게 할 수 있음을 보여주신다. 요단 강을 건넌 후, 이스라엘은 강바닥에서 이스라엘의 각 지파를 나타내는 12개의 돌을 취하여 미래의 후손들이 하나님께서 그의 백성을 위해 강을 갈랐음을 알게 하기 위한 기념비를 세운다 수4:1-9.

강을 건넌 후, 다른 모든 지파들이 강 건너편에 정착하였지만, 갓 지파, 르우벤 지파, 그리고 절반의 므낫세 지파는 요단 강 동쪽에 남는다.

요단 강 주변의 땅은 하나님의 백성을 위한 약속의 땅이지만, 계속되는 전투의 장소이기도 하다. 이스라엘은 그곳에서 많은 침략군들과 맞선다. 사사 시대에 암몬, 미디안, 그리고 블레셋 족속이 이스라엘을 공격하기 위해 이 강을 건넌다.

안식과 전쟁의 장소로서의 의미를 넘어서, 요단 강을 둘러싼 땅은 하나님의 선지자들에게도 의미 있는 장소이다. 이스라엘의 가장 위대한 선지자인 엘리야와 엘리사가 요단 강 근처에서 사역하였다. 엘리야가 죽지 않고 하늘로 들려 올라간 후에, 하나님께서는 여기서 엘리야의 후계자인 엘리사에게 엘리야의 능력의 갑절을 주신다 왕하 2:7-12. 한번은, 엘리사가 마른 땅으로 건너기 위해 엘리야의 겉옷으로 강을 쳐서 가른다 왕하 2:13-14. 얼마 지나지 않아 적국인 시리아의 높은 장군인 나아만이 엘리사를 방문한다. 그는 엘리사에게 역사하시는 하나님의 능력에 대해 듣고 치료를 위해 엘리사를 찾는다. 엘리사는 장군에게 요단 강에서 목욕하라고 지시한다. 나아만이 강물에 일곱 번 몸을 담그자 하나님께서는 나병에서 그를 낫게 하신다 왕하5:8-14.

오랜 세월이 지난 후, 세례 요한은 요단 강 지역에서 백성들의 마음을 예수님께로 돌리기 위한 회개의 메시지를 전파한다 눅3:3-6. 요한은 메시아이신 예수님께 요단 강에서 세례를 베푼다 막1:9-11. 예수님이 물 위로 나오자, 하늘이 열리고 성령이 비둘기 같이 예수님에게로 내려온다. 하늘로부터 하나님의 음성이 다음과 같이 선포한다. "너는 내 사랑하는 아들이라 내가 너를 기뻐하노라" 막1:11.

오늘날, 요단 강은 이스라엘과 요르단의 경계 역할을 하고 있다.

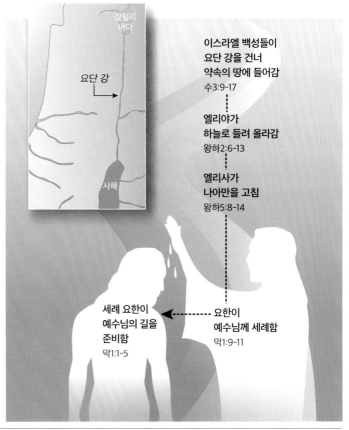

요단 강

갈릴리 바다

요단 강

사해

이스라엘 백성들이 요단 강을 건너 약속의 땅에 들어감
수3:9-17

엘리야가 하늘로 들려 올라감
왕하2:6-13

엘리사가 나아만을 고침
왕하5:8-14

세례 요한이 예수님의 길을 준비함
막1:1-5

요한이 예수님께 세례함
막1:9-11

여리고

함락된 성

여리고는 사해의 북쪽, 그리고 예루살렘의 북동쪽으로 약 17마일약 27km 떨어진 요단 강 근처의 도시이다. 오랜 세월 동안, 이 도시는 적어도 세 개의 다른 장소에 위치했으며, 오늘날 세계에서 가장 오래된 도시 중 하나다.

여리고는 오아시스 사이에 위치하고 있으며 종종 "종려나무 성읍"으로 언급된다삿3:13. 이 도시는 해수면 아래 800피트약 244m에 달하는 깊은

협곡 밑바닥 근처에 자리하고 있는데, 이는 지상의 어떤 도시보다도 낮은 위치다.

이스라엘 백성들은 약속의 땅에 들어가기 전에 요단 강 근처 유서 깊은 여리고 건너편에 진을 쳤다. 그들은 하나님께서 모세에게 이스라엘에게 가나안 땅을 주고, 그 거민들을 모두 쫓아내고 그 땅의 우상들을 모두 파괴할 것이라고 말씀하실 때, 그 도시에서 얼마 떨어지지 않은 곳에

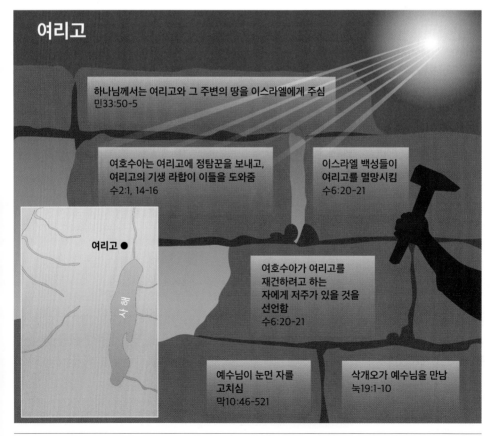

여리고

하나님께서는 여리고와 그 주변의 땅을 이스라엘에게 주심
민33:50-5

여호수아는 여리고에 정탐꾼을 보내고, 여리고의 기생 라합이 이들을 도와줌
수2:1, 14-16

이스라엘 백성들이 여리고를 멸망시킴
수6:20-21

여리고 ●

사해

여호수아가 여리고를 재건하려고 하는 자에게 저주가 있을 것을 선언함
수6:20-21

예수님이 눈먼 자를 고치심
막10:46-521

삭개오가 예수님을 만남
눅19:1-10

있었다 민33:50-56.

모세가 죽은 후 여호수아는 가나안에 정탐꾼 두 사람을 보내어 가나안 땅, 특히 여리고를 엿보라고 지시한다수2:1. 여리고는 당시에 거대한 성벽으로 둘러싸여 있었다.

그 도시에서, 라합이라는 이름의 기생이 여리고 왕이 정탐꾼들을 찾을 때 그들을 숨겨 보호하고 탈출을 돕는다. 그녀는 이스라엘이 여리고를 정복할 때, 자신과 가족을 살려줄 것을 그들에게 약속하게 한다수2장. 결과적으로, 라합은 구원을 받았을 뿐 아니라 다윗 왕과 예수님의 직계 조상이 된다마1:5.

여리고는 이스라엘이 요단 강을 건너 약속의 땅에 들어와 정복한 첫 번째 도시다. 여리고 사람들은 강을 건너 온 큰 무리의 이스라엘 사람들이 진을 친 것을 똑똑히 목격했다. 여호수아 6장은 이스라엘 백성들의 접근으로 말미암아 이 도시의 성문은 굳게 닫혔고 출입하는 자가 없다는 사실을 기록하고 있다수6:1.

도시 안의 사람들은 숫양 뿔로 만든 나팔을 불며 언약궤를 들고 이동하는 제사장을 따라 성 주위를 도는 이스라엘 백성들을 보았을 것이다. 7일간의 행진 후에, 이스라엘 백성들이 소리치고 나팔을 불자 도시의 성벽이 무너진다.

이스라엘 백성들이 여리고 성을 함락한 후, 여호수아가 이 도시를 재건하는 자는 저주를 받을 것이라고 선포를 한다수6:26. 여호수아의 이 저주는 500년 후, 아합의 통치시대에 실현된다. 여리고를 재건한 벧엘 사람 히엘은 그 과정에서 두 아들을 잃는다왕상16:34.

이후, 여리고에는 여러 선지자들이 있었다. 엘리야와 엘리사가 이곳 여리고에서 활동하였다. 오십 명의 여리고의 선지자들이 엘리야가 그의 겉옷으로 요단 강을 내려칠 때 강이 갈라지는 것을 보았다왕하 2:7-8.

여리고는 신약 성경에서도 한 역할을 담당한다. 대부분의 학자들에 의하면, 복음서에 언급된 여리고의 위치는 여호수아의 지휘 아래에서 이스라엘이 정복한 여리고 성의 유적지와 2마일약 3km 떨어져 있다.

예수님께서는 선한 사마리아인의 비유에서 여리고로 가는 길을 언급하신다눅10:30-37. 예수님의 이야기에서와 같이 그 길이, 지났던 험하고 언덕이 많은 지형은 산적과 강도들의 소굴이 되기 쉬웠다.

예수님께서는 적어도 두 번에 걸쳐 여리고를 방문했다. 그 당시, 여리고 사람들은 예수님을 따르는 군중을 보았을 것이다. 그 혹은 그녀는 눈먼 거지가, "다윗의 아들 예수님, 저에게 자비를 베푸소서!" 라고 외치는 데 시선을 빼앗겼을 수도 있다. 그런 사람은 예수님이 바디매오의 시력을 회복시키는 것을 두 눈으로 똑똑히 보았을 것이다막10:46-52.

예수님의 또 다른 여리고 방문 동안, 거기 사는 사람들은 예수님을 보려고 무화과나무에 오른 악명 높은 세리 삭개오를 보았을 것이다. 주민들은 예수님이 나무에 있는 그를 불러, 그 세리의 집에서 저녁을 드시겠다고 전하는 것을 들었을 수도 있다. 대부분의 여리고 사람들은 자신이 속여 빼앗은 것의 네 배를 갚겠다는 삭개오의 제안도 들었을 것이다. 그 날의 군중은 예수님의 열 므나 비유의 말씀을 들었다눅 19:11-27.

예루살렘

성스러운 도시

예루살렘은 신약과 구약의 많은 사건의 배경이 되는 성경의 가장 중요한 도시이다. 예루살렘은 이스라엘이 약속의 땅인 가나안을 정복할 때 처음으로 언급되었다. 예루살렘의 왕은 여호수아가 그 지역을 정복하는 것에 긴장하여, 다른 나라들보다 먼저 이스라엘과 평화 조약을 맺은 기브온을 공격하기 위해 네 명의 이웃 왕과 동맹을 맺는다. 이스라엘 백성들은 예루살렘의 군대를 전멸시키고 그 왕을 죽인다수 10장.

사사 시대 때, 유다 지파는 예루살렘을 공격하여 그곳의 왕을 사로잡는다삿1:8. 가나안 부족인 여부스는 후에 예루살렘을 요새화한다.

다윗 왕의 통치 기간 동안, 이스라엘은 예루살렘을 정복하고 수도로 삼는데삼하5:6-10, 이는 그 도시가 천연 요새로서 중요했기 때문이었다. 다윗의 아들 솔로몬은 결국 예루살렘을 하나님 백성들의 종교적인 중심지로 정하고 성전을 건설한다왕상6:37-38. 절기 동안 신실한 이스라엘 백성들은 예루살렘에서 예배와 희생 제사를 드리기 위해 성지 순례를 한다.

이스라엘이 왕을 세우고 히브리인들이 북 이스라엘과 남 유다 왕국으로 나누어졌을 때, 예루살렘은 유다의 수도가 되었다. 애굽과 앗수르를 포함하여 많은 적들이 예루살렘을 여러 번 공격한다. 도시에 살던 사람들은 하나님께서 예루살렘 사람들을 기적으로 구원하는 것을 목격하였다. 하지만, 하나님께서는 결국 바빌론에 의해 이 도시와 성전이 파괴되고 이스라엘이 포로로 잡혀가게 하신다.

70년 동안, 하나님께서 바사 제국의 왕인 고레스를 사용하여 바벨론 제국을 정복하실 때까지 예루살렘에는 가장 불쌍한 하나님의 백성들만이 남아 있을 뿐이었다. 고레스는 유대인들에게 자유를 주어, 두 번에 걸쳐 예루살렘으로의 대규모 이동이 일어난다. 첫 번째는 제사장 스룹바벨의 지도 아래 성전을 짓기 위해서이고, 두 번째는 느헤미야의 지도 아래 성벽을 재건하기 위한 것이었다느헤미야는 서로 다른 계파 사람들을 설득하여 성벽의 각 부분을 재건하게 했다. 선지자 에스라는 언약이 부활하고 이스라엘 백성들이 다시금 모세의 율법을 준수하도록 이끈다.

예수님이 태어났을 때, 예루살렘은 로마 제국의 치하에 있었으나 여전히 유대 문화의 중심지였다. 예수님의 인간 부모인 마리아와 요셉은 예루살렘 성전에서 예수님의 할례를 행한다. 예수님이 어린아이였을 때, 그는 가족들과 함께 절기에 참여하기 위해 예루살렘에 간다.

예수님의 사역기간 동안, 예루살렘은 간음으로 잡힌 여인과의 만남요8:1-11, 성전 정화마21:12-17, 최후의 만찬, 변화산 사건, 예수님의 체포, 십자가의 죽음, 부활, 승천 등과 같은 중요한 사건들의 배경이 된다.

예루살렘은 초대교회에게도 여전히 중요했다. 예루살렘은 오순절 날에 신자들이 성령으로 충만된 곳이었고행 2장, 로마 제국 전역의 초대교회들의 행정의 중심지였다행 15장. 궁극적으로, 계시록에 묘사되어 있는 새 예루살렘은 거룩한 하나님의 도성으로서 하나님께서 하늘과 땅을 회복하실 때 그로부터 하늘에서 내려올 것이다계 21:2; 21:10.

성벽과 건축자들

느헤미야 3장은 예루살렘 성벽을 재건한 많은 사람들의 이름을 기록하고 있다.

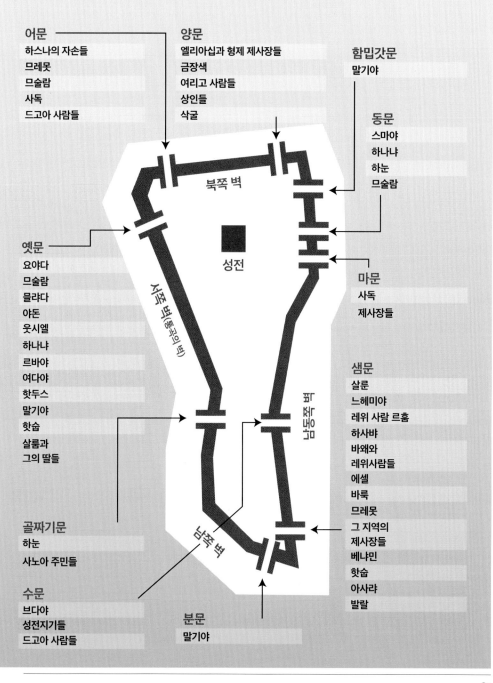

어문
하스나의 자손들
므레못
므술람
사독
드고아 사람들

양문
엘리아십과 형제 제사장들
금장색
여리고 사람들
상인들
삭굴

함밉갓문
말기야

동문
스마야
하나냐
하눈
므술람

옛문
요야다
므술람
믈라댜
야돈
웃시엘
하나냐
르바야
여다야
핫두스
말기야
핫숩
살룸과
그의 딸들

북쪽 벽

서쪽 벽(둥근의 벽)

성전

마문
사독
제사장들

샘문
살룬
느헤미야
레위 사람 르훔
하사뱌
바왜와
레위사람들
에셀
바룩
므레못
그 지역의
제사장들
베냐민
핫숩
아사랴
발랄

골짜기문
하눈
사노아 주민들

남쪽 벽

수구문

수문
브다야
성전지기들
드고아 사람들

분문
말기야

성막

하나님의 성전

애굽을 탈출한 이스라엘 백성들은 광야에서 40년간 방황한다. 이스라엘 백성들이 희생 제사를 위한 건축물을 필요로 하자 하나님께서는 성막을 만들라고 지시하신다. 하나님께서는 성막, 또는 "만남의 천막"을 이동용 경배소로 의도하신다출 35-38장.

성막의 골격은 금을 입힌 아카시아 나무로, 골격의 덮개는 양 가죽으로 만든다출36:19-34. 성막 내부에는 휘장으로 다시 바깥쪽 성소와 안쪽 지성소를 구분한다. 바깥쪽은 열한 폭 휘장을 염소실로 만들고, 안쪽은 열 폭 휘장을 베실로 만든다출36:8-18.

이스라엘 백성들 누구나 성막 뜰에 들어갈 수 있지만, 성막 안에는 제사장들만이 들어갈 수 있다. 오직 대제사장만이 하나님의 임재가 거하시는 안쪽 천막, 즉 지성소에 들어갈 수 있다. 대제사장도 일 년에 오직 한 번만 들어갈 수 있다. 그는 그의 죄와 백성들의 죄를 용서받기 위해 언제나 희생 제물의 피를 가지고 들어가야 한다히9:7.

성소에는 하나님께 바치는 특별한 빵진설병, 등대, 그리고 향단이 올려진 금으로 된 상이 있다출37:17-27.

지성소에는 직사각형의 나무상자인 언약궤가 있고, 그 안에 하나님의 법인 십계명의 돌판, 아론의 지팡이, 그리고 광야에서 이스라엘 백성들이 매일 하나님으로부터 공급받은 기적의 양식인 만나 항아리가 들어 있다히9:4.

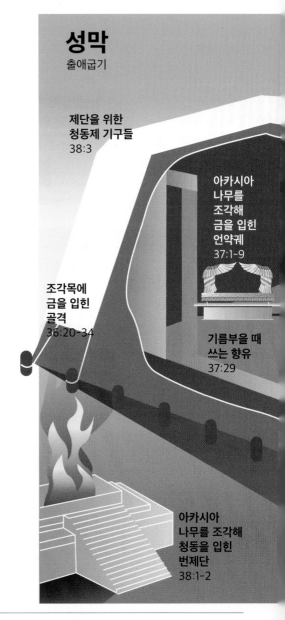

성막
출애굽기

제단을 위한 청동제 기구들
38:3

아카시아 나무를 조각해 금을 입힌 언약궤
37:1-9

조각목에 금을 입힌 골격
36:20-34

기름부을 때 쓰는 향유
37:29

아카시아 나무를 조각해 청동을 입힌 번제단
38:1-2

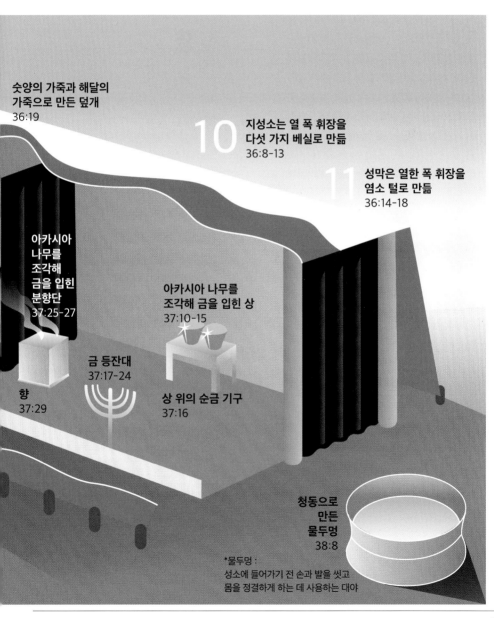

숫양의 가죽과 해달의
가죽으로 만든 덮개
36:19

10 지성소는 열 폭 휘장을
다섯 가지 베실로 만듦
36:8-13

11 성막은 열한 폭 휘장을
염소 털로 만듦
36:14-18

아카시아
나무를
조각해
금을 입힌
분향단
37:25-27

아카시아 나무를
조각해 금을 입힌 상
37:10-15

금 등잔대
37:17-24

향
37:29

상 위의 순금 기구
37:16

청동으로
만든
물두멍
38:8

*물두멍 :
성소에 들어가기 전 손과 발을 씻고
몸을 정결하게 하는 데 사용하는 대야

성전

하나님이 거하시는 곳

성전

성전의 주요 영역은 외부 및 내부 뜰, 성소, 그리고 가장 거룩한 곳인 지성소를 포함한다. 안뜰에는 번제를 위한 청동 제단왕상8:22과 12마리의 청동 황소 위에 올려진 거대한 물두멍왕상7:25이 있다. 이 물두멍은 제사장들의 성결 예식에 사용된다. 화려한 기둥 한 쌍이 성소로 향하는 입구를 표시한다.

성소의 내부에는 향을 위한 제단, 하나님께 드리는 특별한 떡을 놓는 상, 10개의 등잔대, 그리고 동물의 희생 제사 때 사용하는 기구가 있다.

거대한 휘장은 성소와 지성소를 나눈다. 휘장 뒤에는 한 쌍의 금으로 만들어진 천사상 아래 금을 입힌 언약궤가 있다. 언약궤 안에는 십계명 돌판이 담겨져 있다.

첫 번째 성전은 솔로몬에 의해 건축되었으나, 기원전 586년 파괴되었다.

두 번째 성전은 바벨론의 포로에서 해방된 후에 건축되기 시작하여 기원전 515년에 완성되었다.

5세기의 세월을 견딘 후, 이 작은 성전은 헤롯 대왕에 의해 웅장한 건물로 재건되지만, 로마에 의해 서기 70년 파괴된다.

예수님이 돈 바꾸는 사람들을 쫓아냄
요2:13-17

바벨론이 성전을 약탈하고 파괴함
왕하25:8-9, 13-17

언약궤는
지성소에 놓음
왕상8:3-6

예수님이 선생들을
놀라게 함
눅2:46-47

여호와의 영광이
성전에 가득 참
왕상8:10-11

이 성전은
헤롯 왕이 중건함
요2:20

지성소의 휘장이 찢어져 둘이 됨
막15:37-38

70
이스라엘 백성들이
70년 포로 후에
재건함
스6:16-17

사단이 예수님을 시험함
마4:5-7

앗수르

이스라엘의 정복자

성경에서 앗수르앗시리아로 언급되는 곳은 지금의 터키 남쪽과 이라크 북쪽이다. 성경은 창세기에서 처음 앗수르를 언급하는데, 에덴동산으로부터 흘러나온 네 개의 강의 하나인 티그리스 강 지역을 기록하면서였다창2:14. 그 시기에는 앗수르라는 국가가 존재하지 않았지만, 모세가 앗수르를 기록했다는 사실은 이스라엘 백성이 약속의 땅에 들어갈 준비를 하는 때에는 존재하였다는 것을 의미한다.

이후 히브리 역사에서, 앗수르는 메소포타미아 북쪽의 왕국이자 고대 중동의 가장 큰 제국 중 하나로 성장한다. 전성기의 앗수르 제국은 남쪽으로는 애굽, 쪽쪽으로는 소아시아까지 세력을 넓힌다. 앗수르는 이 지역의 대부분을 정복하였고, 그들을 강제로 종속시켜 조공을 바치도록 한다. 전투에 있어서 앗수르인들은 패전국을 난폭하고 잔인하게 대하는 것으로 악명이 높다. 그들은 저항하는 도시를 약탈하고 파괴한다. 그들의 도시에 돌로 된 조각들에는 앗수르 군인들이 적의 전사의 눈을 멀게 하고, 어린이들을 고문하고, 나무에 달린 사람을 찌르고, 적군의 목을 자르는 등의 모습이 묘사되어 있다.

한때, 선지자 요나는 앗수르의 수도, 니느웨의 주민들을 찾아간다. 그는 그들에게 회개하라고 요

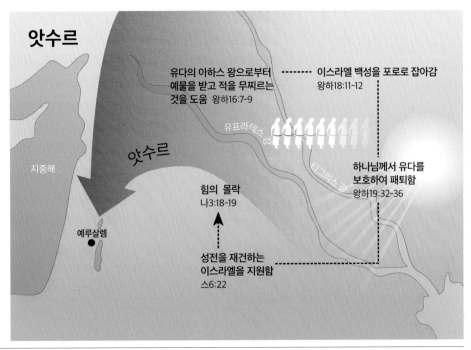

앗수르

유다의 아하스 왕으로부터
예물을 받고 적을 무찌르는
것을 도움 왕하16:7-9

이스라엘 백성을 포로로 잡아감
왕하18:11-12

유프라테스 강

지중해

앗수르

티그리스 강

힘의 몰락
나3:18-19

하나님께서 유다를
보호하여 패퇴함
왕하19:32-36

예루살렘

성전을 재건하는
이스라엘을 지원함
스6:22

구하고, 하나님의 심판이 임박하였음을 경고한다. 니느웨 사람들이 회개하고 하나님께 자비를 간청하자, 하나님께서는 그들을 용서하신다요 2:10-3:10. 하지만, 요나가 찾아간 뒤 백 년도 지나지 않아 앗수르는 다시 타락한다. 이 시기에, 이스라엘과 유다에게 둘러싸인 앗수르는 두 왕국에게 지속적으로 위협을 가한다. 이스라엘 선지자 나훔은 앗수르의 멸망을 예언한다나3:18-19.

앗수르는 결국 북 이스라엘 왕국을 정복하고 주민들을 추방한다왕하18:11-12. 북 이스라엘은 재건되지 않는다. 앗수르는 자국에 속한 백성들을 이스라엘의 수도였던 사마리아로 이주시킨다. 이 때문에 유대와 사마리아 사람들 간에 갈등이 생기고, 이러한 긴장 상태는 신약 시대까지 지속된다요4:9.

또한 앗수르는 남왕국 유다의 많은 지역을 정복하고, 대부분의 도시들을 파괴한다사36:1.

이러한 시기에, 이사야 선지자는 앗수르 제국의 멸망과 더불어 예루살렘과 유다는 하나님의 보호 아래 지속됨을 예언한다. 이후 앗수르는 예루살렘을 점령하려고 하나 하나님의 기적적인 도움으로 실패한다왕하 19장.

여러 다른 선지자들 또한 앗수르에 대해 언급한다. 호세아는 북왕국이 앗수르에게 멸망할 것을 예언한다호 11:5. 스바냐는 앗수르의 멸망을 예언한다습2:13. 미가도 하나님께서 앗수르로부터 그의 백성을 구원하실 것을 예언한다미5:6. 이사야와 그의 시대의 예언들이 성취된 후에 예레미야서2:36와 에스겔서31:3; 32:22도 앗수르의 멸망을 거듭 말한다.

한때 앗수르의 속국이었던 바벨론이 앗수르 제국에서 벗어나 결국 지역의 초강대국이 된다. 이 때 유다와 이스라엘 백성들은 서로 전쟁하고 있었다. 이 전쟁으로 인해 유다의 왕이 앗수르 왕에게 보호를 요청한다. 결과적으로 유다는 앗수르의 속국이 되고, 조공으로 성전의 금과 은을 보내야만 했다왕하16:1-9.

결국, 바벨론의 느부갓네살 2세는 앗수르와 유다를 정복한다. 이로 인해 남 유다의 백성들이 바벨론으로 강제적으로 이주되는 바벨론 유수가 일어난다. 포로의 시기에, 고레스의 바사 제국이 바벨론을 정복하고 앗수르와 유다를 바사 제국의 지배 아래 둔다.

고레스와 그의 후계자, 다리오와 아닥사스다가 유대인과 다른 나라의 포로들을 고국으로 돌아갈 수 있도록 하자 유다와 다른 속국 사이에 충돌이 발생한다. 이 시기에 하나님께서는 앗수르 왕의 태도를 바꾸어 성전을 재건하는 이스라엘을 돕게 한다스6:22.

바벨론과 바사 제국의 시대에 앗수르는 일련의 왕조들의 지배 아래 흡수되었지만, 여전히 독립된 지역으로 남는다. 구약과 신약의 중간기에는 알렉산더 대왕의 제국에 속하게 된다.

신약 시대 동안, 앗수르는 파르티아 제국에 속한다. 기원전 66년부터 서기 217년까지, 파르티아 제국은 로마와 여러 차례 전쟁을 한다. 예수님의 생애 동안에도 두 제국은 서로 불편한 관계에 있었다. 앗수르는 결국 서기 116년 로마 제국에 종속된다.

오늘날 앗수르의 후손들은 이란, 이라크, 터키, 그리고 시리아에서 동방정교회에 속한 소수민족으로 살고 있다.

바벨론

강력한 제국

고대 도시 바벨론바빌론은 오늘날 이라크의 바그다드에서 남서쪽으로 59마일약 95km 정도 떨어진 유프라테스성경의 유브라데 강가에 위치한다. 창세기 10장에서 바벨론은 니므롯 왕국의 초기 중심지의 하나로 처음 언급된다창10:9-10. 신약 성경에서는 타락과 악의 상징으로 등장한다계 14장; 17장; 18장.

구약 성경에서 바벨론은 유다 왕 히스기야의 통치 때 중요한 역할로 등장한다기원전 약 700년경. 히스기야 왕은 당시 앗수르 제국에 비해 상대적으로 약소국인 바벨론의 사신에게 나라의 재물을 자랑한다. 이는 이사야 선지자로 하여금 곧바로 바벨론 제국의 도약과 바벨론에 의해 포로가 될 유다의 미래를 예언케 한다 왕하20:12-19; 사 39:3-8.

이사야는 바벨론에 의한 이스라엘의 멸망을 예언했지만, 바벨론도 결국 파괴되어 황무지가 될 것이라고도 예언한다사14:22-23.

바벨론 제국의 세력이 커지면서, 바벨론의 도시들은 학문과 예술의 중심지가 된다.

바벨론에는 공중 정원이 있었다. 공중정원은 일련의 테라스 정원으로, 그리스와 로마의 작가들이 고대 세계의 가장 아름다운 불가사의 중 하나라고 일컬었다.

동시에 바벨론은 적어도 히브리 선지자의 의견으로는, 부도덕의 천국이 되는데, 이는 주민들의 종교 의식에 뿌리를 두고 있다. 도시를 둘러싸고 있는 여덟 개의 문 중 가장 두드러지는 아스다롯 문은 다산, 축제, 그리고 매춘의 여신의 이름을 딴 것이다. 도시의 사원 지역에는 눈에 띄는 큰 신전이 하나 있다. 바벨론의 최고신이자 다산과 식물의 신인 마르둑의 40피트약 12m 크기의 금상이 신전의 꼭대기에 자리 잡고 있다.

히브리인은 계속해서 가나안의 다산의 신들에 의해 믿음이 흔들리고, 하나님의 선지자들은 이것이 이스라엘의 패배와 포로가 되는 가장 큰 이유라고 선포한다.

바벨론이 히스기야의 5대 손인 여호야김의 통치 때에 유다를 침공하여 이사야의 예언은 성취된다. 향후 20년 동안, 바벨론은 세 차례에 걸쳐 유다 백성을 포로로 잡아간다왕하24:10-25:21. 이때, 바벨론은 예루살렘 성전의 금, 은, 동 장식을 제거하여 자신들의 신전으로 옮긴다.

이스라엘이 포로가 된 시기에 바벨론 제국은 그 힘의 정점에 도달한다. 바벨론은 20만 명 이상의 인구로 추정되는, 당시 지상에서 가장 큰 도시로 묘사된다. 당시 수도에 살고 있는 유대인 포로들은 그들이 건설하고 있는 거대한 공공건축물들을 목격했을 것이다. 유대인 포로의 대부분은 숙련된 장인이었기 때문에, 도시를 확장하는 일에 징집되었다왕하24:16.

바벨론이 처음으로 유대인들을 포로로 잡아갈 때, 선지자 다니엘은 그의 친구 사드락, 메삭, 아벳느고와 함께 바벨론으로 끌려간다. 포로로 끌려 간 다니엘은 바벨론 관리와 예언자로서의 탁월함을 나타냈고, 대부분 계시로 이루어진 다니엘서를 저술한다. 몇 년 후, 두 번째 포로들이 잡혀올 때 선지자 에스겔이 끌려오고, 바벨론에서 그의 사역의 후반부를 마친다. 이 시기에 예루살렘은 정복되나, 자신들의 고향으로 돌아갈 것이

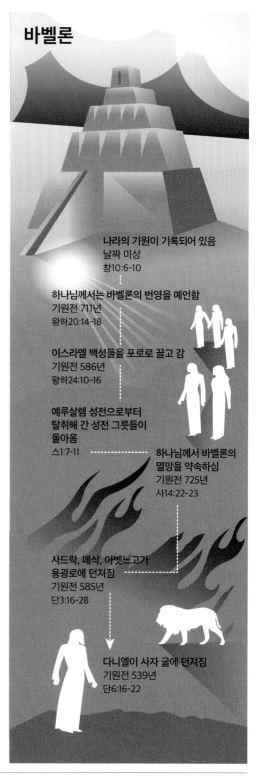

바벨론

나라의 기원이 기록되어 있음
날짜 미상
창10:6-10

하나님께서는 바벨론의 번영을 예언함
기원전 711년
왕하20:14-18

이스라엘 백성들을 포로로 끌고 감
기원전 586년
왕하24:10-16

예루살렘 성전으로부터 탈취해 간 성전 그릇들이 돌아옴
스1:7-11

하나님께서 바벨론의 멸망을 약속하심
기원전 725년
사14:22-23

사드락, 메삭, 아벳느고가 용광로에 던져짐
기원전 585년
단3:16-28

다니엘이 사자 굴에 던져짐
기원전 539년
단6:16-22

라는 이스라엘의 희망은 계속되었다.

포로 기간 동안, 바벨론 왕 느부갓네살은 거대한 황금 동상을 건립하고 모든 민족과 백성들에게 그 우상을 숭배할 것을 명령한다단3:4. 악기 소리가 퍼지면 사람들은 숭배를 위해 우상에 절해야 했다. 사드락, 메삭, 아벳느고가 절하기를 거부하자, 그들은 사형선고를 받고 불타는 용광로에 던져진다. 그러나 "신의 아들"과 같이 보이는 한 사람이 불 속에서 그들과 함께 하고단3:25, 그들은 아무런 상처도 입지 않는다.

바벨론 포로가 된 지 66년 후에 바사 제국은 바벨론을 정복하고, 유대인을 포함하여 포로가 된 나라들의 자유를 허락한다. 바사의 통치자인 고레스 대왕은 회복의 법령으로 불리는 칙령을 반포하여 유대인과 다른 나라의 포로들을 고향으로 돌아가게 한다. 또한 그는 성전에서 착취해 온 많은 금과 은을 돌려준다스 1장. 이 법령에 따라, 일부 유대인들은 고향으로 돌아오나, 많은 사람들은 바벨론에 머무는 것을 선택하고 그곳에서 자신의 삶을 살아간다.

5-6세기가 지난 후 서기 1세기 에도 유대인의 상당수는 여전히 바벨론에 거주한다.

베드로는 자신의 서신서에서 바벨론에 있는 교회를 언급하고 있는데, 아마도 바벨론의 실제 도시를 언급한 것은 아닐 것이다. 신약 성경의 저자는 종종 로마 제국의 죄, 사악함, 그리고 특히 종교적인 부패를 표현하기 위한 상징적 단어로 바벨론을 사용한다. 요한계시록 17장 5절에서 언급된 바벨론은 "창녀와 가증한 땅의 어미"를 의미한다.

다 메 섹

교통의 요지

오늘날 시리아에 위치하고 있는 다메섹은 세계에서 가장 오랫동안 지속된 도시 중의 하나다. 성경의 역사에서, 다메섹은 주요 무역로가 지나가는 전략적 위치 때문에 이스라엘과 종종 충돌한다.

창세기에서, 아브람이 조카 롯을 구하기 위한 전쟁을 하러 갈 때, 그는 롯을 납치한 자를 쫓아 이 도시의 북쪽 지역으로 간다창14:15.

후에, 다윗 왕은 다메섹의 군사들이 왕 자신의 원수를 돕자 그 도시를 정복한다. 다윗은 도시 내에 수비대를 배치하고, 주민들로 하여금 조공을 바치게 한다삼하8:5-6. 다윗에게 패배한 군대의 남은 자들이 후에 다메섹을 다시 차지한다. 솔로몬의 통치 때에 이러한 일이 발생하여, 다메섹은 다시 이스라엘의 적이 된다왕상11:23-25. 그래서 다메섹은 다시 수년에 걸쳐 이스라엘, 아람, 그리고 기타 다른 나라에서 독립하려는 전쟁을 여러 번 치른다왕하14:8; 왕하16:9.

다메섹이 솔로몬 왕으로부터 재탈환된 후 일 세기쯤 후에, 하나님께서는 이 도시를 둘러싸고 있는 사막으로 엘리야를 보내신다. 거기서 엘리야는 후계자인 엘리사를 만나고, 아람과 이스라엘의 새로운 왕에게 기름을 붓는다왕상19:10-18. 약 40-50년 후에, 아모스 선지자는 다메섹의 멸망과 백성들의 포로행을 예언한다암1:3-5. 이 예언은 기원전 732년 앗수르가 다메섹을 점령했을 때 실현된다.

신약 시대에, 다메섹은 시리아, 그리고 로마 제국의 동쪽 국경의 열 도시인 데카폴리스의 일부가 된다. 그리스의 오랜 전통과 이후 로마의 영향으로, 이 도시에는 유대인 인구가 적었다. 그럼에도 불구하고 다메섹은 기독교의 발전에 있어서 중요하다.

사도 바울이 기독교인들을 잡으러 다메섹으로 가던 중에, 그는 극적으로 예수님을 만나고 눈이 먼다. 바울이 다메섹에 있을 때, 아나니아라는 기독교인이 하나님으로부터 환상을 받고 바울을 찾아 나선다. 아나니아가 바울을 위해 기도하자, 그의 시력이 회복된다. 다메섹의 회당에 있던 유대인들은 바울이 예수님께서는 하나님의 아들이심을 선포하는 것을 처음으로 들은 사람들이다행 9장.

다메섹

다메섹 •

갈릴리 바다

요단강

다윗이 이 도시를 정복함
삼하8:5-6

솔로몬의 생애 동안 이스라엘과 대적이 됨
왕상11:23-25

엘리야가 엘리사를 만남
왕상19:15-21

사울이 예수님의 제자가 됨
행9:3-6

하나님께서 심판할 것을 약속하심
암1:3-5

메소포타미아

강 사이의 땅

"강 사이의 땅"이라는 의미의 메소포타미아 성경의 메소보다미아는 티그리스 강과 유프라테스 강 사이의 비옥한 지역을 일컫는 그리스식 이름이다. 이 지역의 대부분은 오늘날의 이라크, 쿠웨이트, 그리고 시리아에 위치하고 있다. 에덴동산은 동산에서 흘러나오는 네 강 중 두 강인 티그리스와 유프라테스 강 사이에 위치한 메소포타미아에 있다창2:14. 인류의 타락에 따라, 아담과 이브가 에덴동산에서 쫓겨나므로 그 정확한 위치는 비밀에 싸여있다창 3장.

바벨탑의 이야기는 바빌로니아에서 일어난다. 이 시기 인간은 여전히 하나의 언어를 사용하고 있었다. 오만해진 인간들은 자신의 이름을 높이기 위해 하늘에 도달하는 탑을 만들기로 결정한다. 결과적으로, 하나님께서 그들의 언어를 혼동케 하시고 이들을 흩어놓아 고대의 여러 민족들이 나타나게 된다창11:1-9.

메소포타미아에서 "열국의 아버지"인 아브라함창17:4은 하나님으로부터 고향을 떠나라는 부르심을 듣는다창12:1. 하나님께서는 그의 후손을 통하여 이 땅을 축복하시겠다고 약속하신다행7:2-4; 창12:2-3. 아브라함의 아들, 이삭이 결혼할 때가 되자, 아브라함은 이삭의 아내를 찾기 위해 고향인 메소포타미아로 자신의 송을 보낸다. 그 종은 리브가와 함께 돌아온다창 24장. 후에 리브가도 그의 아들 야곱을 자신의 고향으로 보냈고, 야곱은 그곳에서 결혼하여 자식을 갖는다창27:46-30:24. 하나님께서는 야곱의 이름을 이스라엘로 바꾸시고, 그의 혈통을 통해 이스라엘 민족을 세우신다창32:28.

시간이 흘러 사사들의 시대에, 이스라엘 민족은 하나님에게서 돌아선다. 메소포타미아의 적들이 하나님께서 옷니엘을 일으켜 이스라엘을 구원하실 때까지 그들을 탄압한다삿3:7-11.

북 이스라엘과 남 유다 왕국 시대에, 앗수르와 바벨론 제국이 메소포타미아의 주도권을 잡는다. 앗수르 제국은 북 이스라엘을 정복하고 자국의 백성들을 이주시킨다왕하17:6. 이어서 바벨론 제국이 앗수르와 남 유다 왕국을 정복한다. 많은 이스라엘 사람들이 메소포타미아 남서쪽의 바벨론으로 잡혀간다. 다니엘서, 에스겔서, 에스더서는 이 포로시대에 기록되었다. 세월이 흘러 이스라엘 백성들이 고향으로 돌아올 때, 많은 사람들이 바벨론과 메소포타미아의 다른 지역에 잔류한다.

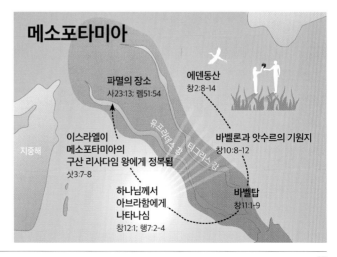

메소포타미아

파멸의 장소
사23:13; 렘51:54

에덴동산
창2:8-14

이스라엘이 메소포타미아의 구산 리사다임 왕에게 정복됨
삿3:7-8

바벨론과 앗수르의 기원지
창10:8-12

지중해

유프라테스 강
티그리스 강

하나님께서 아브라함에게 나타나심
창12:1; 행7:2-4

바벨탑
창11:1-9

속박의 장소

성경의 초반부에, 아브람과 사래는 가나안 땅의 기근을 피하기 위해 남쪽 애굽으로 이동한다창12:10. 거기서, 하나님께서는 아브람이 후 아브라함이 됨에게 그의 후손들이 약속의 땅을 상속받기 전에 400년 동안 이 땅에서 노예가 된다고 말씀하신다창15:13-14. 섭리에 따라 애굽은 감금의 장소가 되고, 나중에는 성경 전반에 걸쳐 속박의 상징이 된다.

야곱의 가장 어리고 사랑받는 아들인 요셉은 아브라함의 자손으로서 처음으로 노예된 자이다. 그는 형제들에 의해 지나가던 상인들에게 팔린다창37:12-36. 요셉은 애굽에서 하나님께 신실하였고, 보디발의 아내의 모함과 그가 도와 준 관원장의 무관심에도 불구하고 결국 노예에서 애굽의 두 번째 권력자가 된다창 39-41장.

가나안에 다시 기근이 닥치자, 요셉의 형제들이 곡식을 구하기 위해 애굽에 온다. 요셉은 이들을 알아보고 자신을 해친 가족들에게 자비를 보이며 말한다. "당신들은 나를 해하려 하였으나 하나님께서는 그것을 선으로 바꾸사 오늘과 같이 많은 백성의 생명을 구원하게 하시려 하셨나니" 창50:20. 야곱과 그의 모든 자손들은 애굽으로 이동하여 고센 땅에 정착한다.

창세기의 마지막과 출애굽기의 처음은 약 400년의 차이가 있다. 이 시간 동안, 이스라엘인들은 대규모 집단으로 성장한다. 애굽을 다스리는 바로는 요셉이 그들의 조상들을 위해 한 일을 잊는다. 애굽인들은 이스라엘 백성을 노예로 삼고 잔학한 행위를 하며, 궁극적으로는 민족으로서의 이스라엘을 말살하려고 한다출1:8-22.

고통 속에서 이스라엘 백성들은 하나님께 부르짖는다. 하나님께서는 이들의 외침을 듣고 애굽의 속박에서 이스라엘 백성을 구원하기 위해 모세를 일으킨다. 모세는 모든 히브리 남자 아기들을 죽이라는 칙령이 선포됐을 때 태어난다. 모세의 어머니는 나일 강에 바구니를 띄워 모세를 숨기고, 바로의 딸이 그를 발견하고 양자로 삼아 바로의 궁전에서 키운다출2:1-10.

수십 년 후에 모세는 이스라엘 백성을 괴롭히는 애굽인을 죽인 후 애굽에서 도망친다출2:11-15. 여러 해 동안 그는 사막에서 양을 쳤는데, 어느 날 타고 있는 떨기나무에서 말씀하시는 하나님을 만난다. 하나님께서는 모세에게 당신의 백성의 고통을 보았고, 그에 대해 어떤 일을 행하실 것이라고 말씀하신다. 그가 말씀하시기를, "이제 내가 너를 바로에게 보내어 너에게 내 백성 이스라엘 자손을 애굽에서 인도하여 내게 하리라"출3:10라고 하셨다.

그래서 애굽에서 나온 지 40년이 지나 모세는 그의 백성을 구원하기 위해 애굽으로 돌아간다. 바로가 하나님의 백성들을 애굽에서 떠나보내기를 주저하자, 하나님께서는 열 가지 재앙을 보내시어 바로가 이들을 보내도록 하신다출 5-12장. 그러나 바로는 마음을 바꾸어 이스라엘 백성들을 쫓아가기로 결심한다. 하지만 하나님께서는 홍해를 갈라 애굽의 군대를 멸하심으로 이스라엘을 구원하신다출 14장.

이스라엘이 출애굽한 후에도 애굽은 계속해서 성경에서 중요한 역할을 한다. 이스라엘 백성들은 약속의 땅으로 가는 40년의 광야 여정 가운데 삶에 대하여 불평하면서 종종 애굽으로 돌아가는 것이 더 낫겠다고 말한다 출14:11-12; 16:3; 민

14:3; 21:5. 하나님께서는 여러 번 당신의 백성들에게 애굽으로 돌아가지 말 것을 경고한다렘 42:19; 사31:1.

이스라엘이 약속의 땅을 소유하자, 이스라엘은 애굽과 국경을 맞대고 위치한다 렘42:19; 사31:1. 이스라엘은 그 역사 동안 애굽과 세 번의 전쟁을 치른다. 또한 이스라엘은 하나님의 보호를 믿고 신뢰하기보다 애굽과 동맹하려 함으로써 하나님을 실망시키기도 한다사31:1. 하나님께서는 당신을 "애굽에서 너희를 구원하신 하나님"으로 언급하면서, 반복적으로 그의 백성들에게 당신이 신뢰할만한 분임을 기억하게 한다신5:6; 삿2:1; 삼상10:18.

신약 시대에, 애굽은 로마 제국의 속국이 된다. 예수의 부모는 고향인 베들레헴에서 도망치라는 천사의 경고를 받고, 예수님을 데리고 애굽에 가서 산다. 이러한 사건은 메시아에 대하여 호세아에게 주어진 예언의 성취이다마2:13-15; 호11:1.

오순절 날에 성령이 예루살렘에 있는 제자들에게 임하여 그들이 배우지 않은 언어로 말할 때, 군중 가운데에는 애굽으로부터 온 사람들도 있었다. 후에, 스데반과 바울이 기독교의 믿음을 설명하는 설교에서 그의 백성을 애굽에서 인도하시는 하나님을 언급한다행 7장; 13:16-20.

예언의 입장에서, 애굽은 종종 악 또는 속박, 그리고 노예를 의미한다. 성경에서 애굽에 대한 최후의 언급은 계시록에서 발견된다. 요한은 예수님께서 십자가에 못 박혀 죽으시는 도시 예루살렘에서 죽기 전 3년 반 동안 예언을 하는 두 참된 증인에 대하여 말하며, 이 도시를 소돔과 애굽으로계11:8 비유한다.

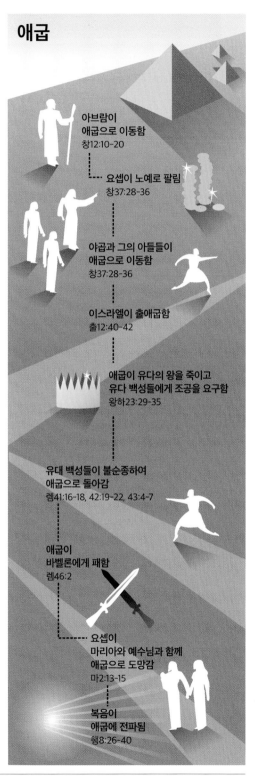

애굽

아브람이 애굽으로 이동함
창12:10-20

요셉이 노예로 팔림
창37:28-36

야곱과 그의 아들들이 애굽으로 이동함
창37:28-36

이스라엘이 출애굽함
출12:40-42

애굽이 유다의 왕을 죽이고 유다 백성들에게 조공을 요구함
왕하23:29-35

유대 백성들이 불순종하여 애굽으로 돌아감
렘41:16-18, 42:19-22, 43:4-7

애굽이 바벨론에게 패함
렘46:2

요셉이 마리아와 예수님과 함께 애굽으로 도망감
마2:13-15

복음이 애굽에 전파됨
행8:26-40

시내

구약의 중심 장소

시내시나이 반도는 오늘날 이집트 동쪽 지역에 있는 삼각형 반도이며 현대 이스라엘에 인접해 있다. 서쪽으로는 수에즈 만, 동쪽으로는 아카바 만, 남쪽으로는 홍해, 북쪽으로는 지중해가 위치해 있다. 시내 반도의 북쪽 부분은 아프리카와 아시아 사이의 육교 land bridge를 형성한다. 시내 산은 시내 반도의 남쪽, 홍해로부터 북쪽으로 약 160마일257km 떨어진 곳에 위치한다.

시내 반도와 호렙 산이라고도 부르는 시내 산은 이스라엘 민족이 탄생하기까지 가장 중요한 몇몇 순간의 무대가 된다. 시내 지역은 모세오경 중 출애굽기의 마지막 22장, 레위기 전체, 그리고 민수기 첫 11장에서 주요한 배경이 된다.

요셉은 그의 형제들이 미디안 상인들에게 그를 팔아 애굽으로 끌려갈 때, 북부 시내 지역의 육교를 통과한 것으로 보인다창 37장. 이후, 그의 형제와 아버지까지도 양식을 사기 위해 시내 북부지역을 횡단한다창42; 43; 46.

400년 후에 애굽의 왕자, 모세가 도망자가 되었을 때 시내 반도는 그 피난처가 되어 성경의 이야기에서 더 큰 의미를 갖게 된다. 이스라엘 백성들이 애굽에서 종살이하는 동안, 그는 거기에서 살며 양을 친다. 하나님께서 시내 산의 꺼지지 않는 떨기나무 가운데에서 모세에게 말씀하셨고출3:1-4, 모세에게 하나님의 백성을 애굽에서 데리고 나오라고 하신다.

출애굽의 이야기는 극적인 결말을 맞는다. 하나님께서는 홍해를 갈라 모세와 애굽에서 종살이하던 그의 백성을 건너게 하여 시내의 남부 해변으로 인도하신다출14:21-22. 홍해의 해변에 안전하게 도착한 이스라엘 백성들은, 모세가 손을 뻗자 갈라져 서 있던 물이 다시 무너져 밤새 전차를 타고 자신들을 쫓던 애굽인들을 덮치는 것을 본다출14:26-31. 그들을 억압하던 자들의 시체가 해변을 덮는다. 이스라엘 백성들은 모세와 미리암의 노래를 들으며, 기적으로 애굽을 물리치신 하나님을 찬양한다출 15장.

시내 반도에서 이스라엘에게 일어난 가장 중요한 사건은 시내 산에서 일어난다. 모세가 시내 산에 오르자 하나님께서 흑암 가운데 내려오셔서 모세에게 말씀하신 것이다. 모세 이외의 이스라엘 백성들은 하나님의 음성을 들었으나, 산에 오르는 것이 허락되지 않는다출19:12. 그곳에서 하나님께서는 모세에게 십계명을 주신다출20:1-21.

이스라엘 백성들은 시내 산 아래, 죄의 사막이라고도 불리는 시내 사막에서 일 년 동안 장막 가운데 지낸다. 그들은 하나님께서 날마다 자신들을 구름 기둥, 불 기둥으로 인도하는 것을 목격한다. 이 기간 동안 그들은 성막과 성막의 모든 기구와 언약궤를 만든다출35:30-38:31.

그들은 구름의 형태로 장막을 채우는 하나님의 영광을 목격하고, 구름이 성막을 떠나 이동할 때마다 따른다출40:34-38.

그들은 시내 반도에서 율법과 희생 제사에 대한 지침을 받는다.

모세의 인도 아래, 이들은 하나님과 언약을 맺는다출31:18; 34:1-28. 여기서 이들은 율법에 기록된 첫 번째 유월절과 다른 절기들을 지낸다민9:1-5.

시내에서 이스라엘은 종종 모세에게 불평하고 반역한다. 모세가 하나님과 함께 아직 산에 있을 때, 이스라엘 백성들은 모세의 형 아론에게 그들을 위한 다른 신을 요구한다.

충격적이게도 아론은 그에 순응하여 금송아지를
만들고, 이스라엘 백성들은 우상을 경배하기 시
작한다출 32장. 백성들이 먹을 것이 없다고 불평
하자, 하나님께서는 신실하게 만나기적적으로 매일
땅 위에 내린 음식과 메추라기를 공급해 주신다출
16:1-36. 이때, 하나님께서는 이스라엘 백성들을
"목이 곧은 사람들"이라고 말씀하신다.
하나님께서는 이스라엘 백성들이 약속의 땅으로
들어갈 준비를 하는 중에, 모세에게 레위지파를
제외한민1:49 이스라엘 백성들의 인구조사를 지
시하신다. 모세가 헤아린 싸움에 나갈 남자의 수
는 603,550명이었다민1:1-46.
이스라엘 백성들이 시내 사막에서 2년 2개월 20
일을 거한 후에 구름이 성막에서 떠나 움직였다.
구름 기둥은 이스라엘 백성들을 시내 반도의 북
동쪽인 약속의 땅과 가까운 바란 광야로 인도한
다민10:11-16.
모세가 가나안 땅, 즉 약속의 땅에 열두 정탐꾼을
보낼 때, 이스라엘 백성들은 바란 광야에 진을 치
고 있었다. 그곳에 있던 사람들은 열 명의 정탐꾼
에게 그 땅이 좋고 과실이 풍성하지만 거인이 살
고 있다는 무서운 보고를 듣는다. 또한 두 정탐
꾼, 여호수아와 갈렙이 하나님께서 그들에게 승
리를 줄 수 있음을 주장하며, 하나님께서 주신 그
땅으로 올라가 취하자고 희망을 북돋는 것 또한
듣는다.
이스라엘 백성들은 두려워하는 정탐꾼들의 보고
를 받아들여 그 땅에 들어가지 않기로 결정한다.
그 결과, 그 세대는 약속의 땅에 들어가는 것이
금지되고 여호수아와 갈렙을 제외한 모두가 죽
을 때까지 시내 광야에서 40년을 방황한다.

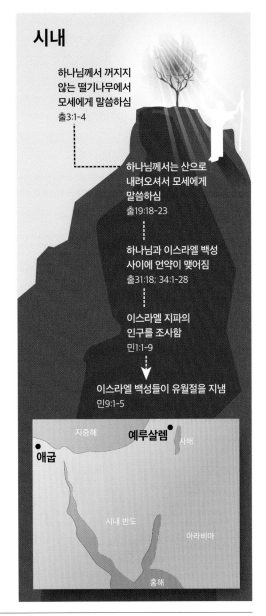

시내

하나님께서 꺼지지
않는 떨기나무에서
모세에게 말씀하심
출3:1-4

하나님께서는 산으로
내려오셔서 모세에게
말씀하심
출19:18-23

하나님과 이스라엘 백성
사이에 언약이 맺어짐
출31:18; 34:1-28

이스라엘 지파의
인구를 조사함
민1:1-9

이스라엘 백성들이 유월절을 지냄
민9:1-5

지중해   예루살렘

애굽   사해

시내 반도

아라비아

홍해

성경의 도시들

일 세기 당시의 이스라엘

예수님께서는 삶 전반에 걸쳐 유대의 주변 지역의 많은 도시들을 돌아다니셨다. 우리는 이들 중 베다니와 벳새다 등의 몇몇 도시에 대해서는 성경에서 말하는 것 외에 아는 바가 거의 없다. 반면에, 예루살렘과 여리고와 같은 도시들은 지속적인 고고학 연구의 대상이다.

"빵집"이라는 의미를 가진 유대의 베들레헴은 "생명의 빵"이신 예수님이 태어난 곳이다요6:35. 다윗의 집이었던 시절까지 거슬러 올라가는 이 작은 마을에서의 예수님의 탄생은 "없는 자, 나중 된 자, 버려진 자" 또는 사회의 주변에 있는 자들을 향한 그의 섬김의 사역을 예표하고 있다.

예수님께서는 로마나 유대 둘 다에게 그다지 중요하지 않은 갈릴리의 작은 마을인 나사렛에서 자라난다. 이러한 이유로, 많은 사람들이 예수님이 선지자이심을 거부하고, 예수님을 만나기 전에 한 제자는, "나사렛에서 어떻게 선한 것이 날 수가 있느냐?"요 1:44-46고 진술한다.

물로 포도주를 만드신 예수님의 첫 번째 기적은 가나의 혼인 잔치에서 일어난다. 얼마 지나지 않아 예수님께서는 갈릴리 바다 근처에 있는 작은 어촌 마을인 가버나움에서 설교하기 시작한다마4:12-17. 이 마을에서 예수님께서는 최초로 사도들을 "사람을 낚는 어부"로 부르신다마4:19; 막3:13-19.

예수님의 제자인 베드로는 가장 먼저 예수님을 "메시아, 살아 계신 하나님의 아들"이라고 로마 도시인 가이사랴 빌립보에서 고백한다마16:13-19.

사마리아의 주요 도시인 수가를 지나가시면서, 예수님께서는 우물에 있는 여자에게 메시아이신 자신을 나타내신다요4:4-42. 이 당시에, 사마리아 사람들은 앗수르에 의해 강제로 이스라엘 땅에 정착하고 사는 이주민들이어서, 유대인과 사마리아인 사이에는 긴장이 흐르고 있었다. 예수님이 사마리아인이면서 여자인 자와 말을 나누신 것은 논란이 될 수 있는 태도였을 것이다. 예수님이 이 멸시받는 사람들을 구원에 포함시키는 것은 유대인을 넘어선 하나님의 구원의 큰 계획을 나타낸다.

여리고는 가장 오랫동안 사람이 거주하는 도시로, 요단 강 근처에 위치한다. "종려나무와 샘"의 도시로 알려진 여리고는 로마 정복자들에게 매력적인 도시였다. 구약 성경에서 여리고 전투의 장은 믿음으로 이 도시를 이스라엘의 군대가 정복하는 내용을 기록한다수5:13-6:25. 신약에서, 예수님께서는 여리고를 지나가시다가 두 명의 눈먼 자를 고치신다마20:29-34. 그 후에 예수님께서는 멸시 받는 세리인 삭개오가 회개한 후, 그와 만찬을 나누신다눅19:1-10.

위대한 왕의 도시로 알려진 예루살렘은 성경에서 다른 지역보다 많이 언급된다. 예수님의 생애 동안, 예루살렘은 유대인의 믿음과 성전의 중심지였을 뿐만 아니라 유대 지방에서 가장 중요한 도시였다. 예수님께서는 예루살렘에서 많은 시간을 보내시면서, 설교, 징표, 그리고 기적을 통하여 하나님의 나라를 선포하신다. 지상의 예루살렘은 예수님이 십자가에 달려 돌아가신 장소이지만, 새 예루살렘은 도래할 하나님의 나라에서 남편을 위하여 단장한 신부로 묘사된다계21:2.

일 세기 당시의 이스라엘

시리아

가이사랴 빌립보
메시아 되심을
베드로가 선포함
마16:13-19

가버나움
처음으로 복음을 전하심
마4:12-17

마태를 제자로 택하심
마9:9-12

로마 관리의 하인을 고치심
눅7:1-10

열두 사도를 택하심
막3:13-19

가나
물로 포도주를 만드심
요2:1-11

갈릴리

갈릴리
바다

벳세다
눈먼 자를 고치심
막8:22-26

거라사인
귀신들린 자를 고치심
눅8:26-39

나사렛
자라나심
마2:21-23

목수로 일하심
막6:1-3

고향 사람들에게
배척당하심
막6:1-6

나인
죽은 과부의
아들을 살리심
눅7:11-15

데가볼리
말 더듬는 자를 고치심
막7:31-35

사천 명을 먹이심
막8:1-9

사마리아

수가
우물에서
사마리아 여자를
만나심
요4:4-42

요단강
요한에게
세례를 받음
마3:13-17

요단강

베레아
어린 아이들을 축복하심
막10:13-16

영생에 대하여
부자 청년에게 말씀하심
마19:16-24

겟세마네
배신당하시고
체포되심
요18:1-14

예루살렘
성전에서 선생들을 놀라게 하심
눅2:41-50

성전에서 돈 바꾸는
자들을 쫓아내심
요2:13-17

밤에 니고데모를 만나심
요3:1-13

안식일에 병자를 고치심
요5:1-15

간음한 여자를 용서하심
요8:1-11

제자들과 마지막
만찬을 나누심
마26:26-29

재판을 받으심
눅22:63-71

십자가에서 죽으심
눅23:26-56

죽음에서 부활하심
눅24:1-12

유다

베다니요단 동쪽
처음 제자들을 부르심
요1:35-50

베다니
죽은 나사로를
살리심
요 11장

마리아가
기름을 부음
요12:1-8

여리고
눈먼 자를 고치심
마20:29-34

세리인 삭개오를
만나심
눅19:1-10

사 해

베들레헴
탄생
눅2:1-7

교회가 세워진 도시들

신약교회의 도시들

예수님의 죽음과 부활 이후 한 세대도 지나지 않아, 초대교회는 유대교의 작은 분파에서 광범위한 운동으로 발전한다. 이 움직임은 로마 제국 전역의 유대인과 이방인, 즉 유대인이 아닌 자들을 모두 포함하였다.

유대 민족의 문화적, 종교적 중심지인 예루살렘은 초대교회의 진원지가 된다. 승천하시기 전에, 예수님께서는 제자들에게 성령으로 세례를 받을 때까지 예루살렘에 있을 것을 말씀하신다행1:4-5. 오순절로 알려진 날에, 하나님의 영이 내려오고, 삼천 명이 넘는 사람들이 예수를 주라 고백한다. 이후 예루살렘은 교회에게 조언하고 사역을 지시하는 중요한 역할을 담당하는 장소가 된다행 15장.

최초의 순교자인 스데반이 돌 맞아 죽은 후에, 많은 신자들은 예루살렘을 떠나 세계의 다른 도시들로 예수의 메시지를 들고 떠난다.

사마리아는 과거 사마리아인과 유대인 사이의 갈등과 긴장으로 인하여 1세기 당시에 이스라엘 백성들에게는 기피의 대상이었다. 하지만, 초대교회의 집사 중 하나인 빌립이 그곳에 가서 메시아 되신 예수님을 전하였고, 치유를 행하였으며, 악한 영으로부터 사람들을 자유하게 한다. 결과적으로, 많은 사마리아인들은 예수님을 믿게 된다행8:5-13.

고대 항구 도시 욥바에서, 베드로는 하나님으로부터 이스라엘 백성을 넘어서 이방인들에게도 복음이 전해지는 비전을 받는다. 다음 날 그는 로마가 유대 지역에 세운 화려한 수도 가이사랴에 가서 이방인들에게 복음을 전한다. 이 사건은 하나님께서 지시하시는 복음이 이방인들에게까지 확장되는 중요한 순간이다행10:9-48.

많은 유대인들이 거주하는 로마 제국의 주요 도시인 안디옥행11:19-30은 예수의 제자들에게 "그리스도인"이라는 명칭이 붙은 곳이다행11:26. 바나바는 안디옥에 많은 새신자들이 있다는 소식을 듣고, 하나님께서 행하시는 것을 목격하기 위해 방문한다. 그는 사도 바울을 안디옥으로 오게 하고, 그 다음 해 동안 그들은 성장하는 교회를 이끌며 많은 사람들을 가르친다.

안디옥에서 바울과 바나바는 로마 제국의 나머지 지역에도 복음을 전하기 위해 선교 여행을 간다. 이 여행 중에, 그들은 구브로 섬의 바보를 방문한다. 바보에서 그들은 로마 총독을 포함하여 많은 사람들을 신앙으로 인도한다행13:4-12.

루가오니아국國의 소도시이자 오늘날 터키 지역에 있는 도시인 루스드라에서는 사람들이 바울과 바나바를 숭배하려고 한다. 루가오니아 사람들은 이들이 행하는 기적을 보고, 그들이 제우스와 헤르메스라고 확신한다. 그러나 결국에는 바울을 돌로 치고 죽도록 내버려둔다행14:8-20. 2차 전도 여행 때에, 바울은 실라와 함께 루스드라로 돌아온다행16:1-5.

그리스에도 초대교회의 중요한 도시들이 있다. 빌립보에서 바울은 여종에게서 귀신을 쫓아냈다는 죄명으로 감옥에 갇힌다행16:12-32. 그리스의 수도인 아덴아테네에 머무르는 동안, 바울은 스토아, 즉 그리스 철학자들과 아레오바고, 또는 아덴의 최고 재판소에서 변론을 한다.

그는 "알지 못하는 신"을 섬기는 제단이 메시아인 예수, 즉 "인간이 만든 신전에 살지 않는 세상을 창조하신 하나님"행17:16-34을 위한 것임을 설명한다. 또 다른 초대교회의 주목할 만한 장소는 고린도와 로마이다. 사도 바울이 고린도로 여행을 갔을 때, 그는 환상 가운데 두려워하지 말라는 격려를 듣는다. 그는 일 년간 복음을 전하여 고린도에 교

회를 세운다행18:1, 4-10. 결국 신자들을 향한 적대감이 증가함에도 불구하고, 초대교회는 로마에서 번성한다. 초대교회의 가장 중요한 지도자였던 바울은 말년에는 로마의 감옥에서 초대교회들에게 편지를 보내며 인생을 마감했다.

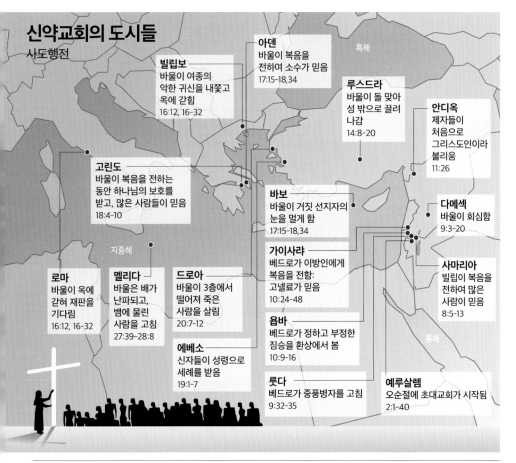

신약교회의 도시들
사도행전

아덴
바울이 복음을 전하여 소수가 믿음
17:15-18,34

흑해

빌립보
바울이 여종의 악한 귀신을 내쫓고 옥에 갇힘
16:12, 16-32

루스드라
바울이 돌 맞아 성 밖으로 끌려나감
14:8-20

안디옥
제자들이 처음으로 그리스도인이라 불리움
11:26

고린도
바울이 복음을 전하는 동안 하나님의 보호를 받고, 많은 사람들이 믿음
18:4-10

바보
바울이 거짓 선지자의 눈을 멀게 함
17:15-18,34

다메섹
바울이 회심함
9:3-20

지중해

가이사랴
베드로가 이방인에게 복음을 전함; 고넬료가 믿음
10:24-48

사마리아
빌립이 복음을 전하여 많은 사람이 믿음
8:5-13

로마
바울이 옥에 갇혀 재판을 기다림
16:12, 16-32

멜리다
바울은 배가 난파되고, 뱀에 물린 사람을 고침
27:39-28:8

드로아
바울이 3층에서 떨어져 죽은 사람을 살림
20:7-12

욥바
베드로가 정하고 부정한 짐승을 환상에서 봄
10:9-16

홍해

에베소
신자들이 성령으로 세례를 받음
19:1-7

룻다
베드로가 중풍병자를 고침
9:32-35

예루살렘
오순절에 초대교회가 시작됨
2:1-40

천국

영원한 생명

천국을 온전히 설명하기는 불가능하다. 우리는 이 영원을 "거울로 희미하게 보는 것"고전13:12에 지나지 않기 때문이다. 하지만 하나님의 영감 된, 권위 있는 말씀인 성경은 하나님을 믿고 끝까지 안내하는 이들에게 천국을 살짝 엿보여준다.

성경의 마지막 책인 요한계시록에서, 하나님께서는 사도 요한에게 "새 하늘과 새 땅"계21:1을 보여주신다. 이는 선지자 이사야가 수천 년 전 "보라, 내가 새 하늘과 새 땅을 창조하였노라. 이전 것은 기억되거나 마음에 생각나지 않을 것이라"사65:17와 같이 예언했던 것이기도 하다. 천국에서는 아픔, 고통, 그리고 사망이 절대 없다. 암과 알츠하이머도 없다. 하나님께서 우리의 눈물을 모두 닦아 주셨기에 애통하는 것이나 곡하는 것도 없다계21:4.

성경은 하나님과 어린 양이 천국의 수도인 새 예루살렘 중심의 왕좌에 앉아 있다고 설명한다. 마치 유리 바다 위에 앉아 있는 것 같은 보좌를 보석 같은 무지개가 둘러싸고 있다계4:2-6. 은혜와 정의의 보좌에서는 천둥 번개가 친다. 그 주위에 모든 백성과 족속들계5:9과 네 초자연적인 존재들이 모인다. 그들은 밤낮 쉬지 않고 이르기를, "거룩하다 거룩하다 거룩하다 주 하나님 곧 전능하신 이여 전에도 계셨고 이제도 계시고 장차 오실 이시라"계4:8고 외친다.

천국에서, 모든 인간이 원죄로 인해 반드시 죽어야 하는 "아담의 저주"는 "두 번째 아담"롬5:11-14이 오심으로 반전한다. "다시 저주가 없으며 하나님과 그 어린 양의 보좌가 그 가운데 있으리니, 그의 종들이 그를 섬길 것이다"계22:3. 마침내, 인류의 타락은 더 이상 아무런 영향도 주지 못하게 된다. 천국에서 우리는 하나님과의 관계를 온전히 회복하여, 순결하고 흠 없는 그리스도의 신부가 될 것이다계19:6-9.

우리가 새 하늘과 새 땅의 모습에 대하여 궁금해할 수 있지만, 하나님의 임재에 의해 사로잡히게 되면 이는 더 이상 중요하지 않을 것이다. "보라! 하나님이 그들과 함께 계시리니 그들은 그의 백성이 되고 하나님께서는 친히 그들과 함께 계시니라"계21:3.

새 하늘과 새 땅은 말할 수 없는 기쁨의 장소이다. 거기서 신자들은 하나님의 임재가 가져오는 모든 충만을 경험하며, "주인의 행복"을 나눌 것이다마25:21. 우리는 "하나님의 선하심을 맛보고 알 것이다"시34:8. 이 새로운 나라는 성령의 열매인, "사랑, 희락, 화평, 오래 참음, 자비, 양선, 충성, 온유, 그리고 절제"로 충만할 것이다갈5:22-23. 우리가 인생의 주권자, 우리의 창조주, 우리의 영혼을 사랑하는 자의 임재 안에서 우리 자신을 발견할 때, 우리는 다윗과 같이, "주께서 생명의 길을 내게 보이시리니 주의 앞에는 충만한 기쁨이 있고 주의 오른쪽에는 영원한 즐거움이 있나이다"시16:11라고 외칠 것이다.

천국에 대하여
성경이 계시하는 것들

무지개가 보좌를 둘러쌈
겔1:26-28; 계4:3

여호와의 하늘의 보좌
시11:4

무수한 천사들
계5:11-13

불이 섞인 유리 바다
계15:2-3

보좌 앞 금 제단
계8:3

하늘의 문
계4:1

흰 옷 입은 고난당한 장로들
계7:13-17

**흰 옷을 입고 머리에 금관을 쓰고
24보좌에 앉은 24장로들**
계4:4

눈이 가득한 날개 있는 생물들
계4:6-11

제단 아래 있는 순교한 영혼들
계6:9

일곱 봉인의 두루마기
계5:1-5

여호와를 경배하는 스랍
사6:1-3

보좌 앞의 일곱 영
계1:4

지옥

영원한 죽음

에덴동산에서 사단이 이브에게 한 거짓말은 보이는 것보다 더 복잡하다.

사단이 이브에게, "너희가 결코 죽지 아니하리라"창3:4고 말할 때, 사단은 매우 교활한 방법으로 하나님의 말씀을 기만했다. 이브가 선악과를 입에 댄 후 자신의 입이나 배 속에 과일조각을 집어넣은 채로 물리적으로 죽었던가? 뱀의 말대로 그렇지는 않았다. 하지만 그녀는 훨씬 더 깊은 의미에서 죽었다. 즉 그녀, 그리고 나아가서 모든 인류는 죄 때문에 영적으로 죽는다.

하나님께서는 생명 그 자체다요5:26. 생명의 개념은 우리가 생각하는 것보다 훨씬 큰 것이다. 단순히 심장박동과 뇌파로 생명을 보는 것은 근시안적인 사고이며, "거짓의 아비"요8:44가 이브를 속이기 위해 이를 사용한 사실은 그리 놀랍지도 않다. 사단은 "너희는 결코 죽지 아니하리라"라고 말했다. 이브의 심장은 계속 뛰었지만, 그녀가 그 과일을 먹는 순간 생명의 원천이신 하나님과의 교제가 끊어진다.

요한복음 1장 4절에는, "그 안에 생명이 있으니, 그 생명은 사람의 빛이라"라고 기록되어 있다. 예수님의 다음 말씀을 생각하라.

"나는 길이요 진리요 생명이니 나로 말미암지 않고는 아버지께로 올 자가 없느니라"요14:6

"영생은 곧 유일하신 참 하나님과 그가 보내신 자 예수 그리스도를 아는 것이니이다"요17:3.

"예수께서 그녀에게 이르시되 나는 부활이요 생명이니 나를 믿는 자는 죽어도 사느니라"요11:25.

"나는 세상의 빛이니 나를 따르는 자는 어둠에 다니지 아니하고 생명의 빛을 얻으리라"요8:12.

생명은 무엇인가? 그 깊고 변치 않는 하나님의 존재하심은 예수를 따르는 우리가 "지금은 부분적으로 아나 그 때에는 온전히 알 것이다"고전13:12. 타락하기 전의 아담과 이브가 하나님과 함께 에덴동산을 걸었을 때 이를 경험했다창3:8.

그렇다면, 지옥은 무엇인가? 지옥은 영적인 죽음이다. 그것은 생명의 근원으로부터 분리된다는 것에 대한 영원하고도 선명한 공포다. 데살로니가후서 1장 9절은 "이런그리스도 안에 있지 않은 자들이 주의 얼굴과 그의 힘의 영광을 떠나 영원한 멸망의 형벌을 받으리라"라고 말씀하고 있다.

지옥이 많은 사람들에게 꺼려지는 주제일지라도, 예수님께서는 성경의 어느 누구보다도 이 주제에 대해 많이 말씀하신다. 예수님께서는 "고통", "꺼지지 않는 불", "울며 이를 갈고"와 같은 표현을 사용하신다. 이 표현들은 사람들을 매우 근심케 하지만, 예수님께서는 바로 그 이유 때문에 그러한 표현을 택하신다. 하나님과 분리되는 것은 상상할 수 없을 정도로 비참하다. 그것은 나쁜 소식이다.

반면에 이런 이유로 복음은 말 그대로 기쁜 소식이며, 예수님께서는 구세주로 불리신다. 예수님의 십자가에서의 사역은 영적인 삶으로 되돌아가는 길을 제공하여 모든 믿는 자들이 지옥을 향한 하나님의 진노로부터 피할 수 있도록 한다.

지옥에 대하여
성경이 계시하는 것들

파멸
삼하22:5-6

하나님의 은혜가 사라짐
살후1:9

무저갱
계9:2

벌레가 죽지 않고 시체를 먹음
사66:24

고통의 장소
눅16:23

불의 호수
계20:15

울며 이를 감
마13:49-50

스올의 문
욥17:16

쉼이 없는 곳
계14:11

유황불 붙는 곳
계19:20

바깥 어두움의 장소
마22:13

풀무불
마13:41-42

꺼지지 않는 불
마3:12

*

제 4 장

빠른 검토

성경의 사건과 이야기

성경의 사건과 이야기

성경이 복잡하고 어려운 이유 중의 하나는 성경 66권이 시간 순서에 따라 기록되지 않았기 때문이다. 따라서 역사적 사건의 연대표를 만들어 시간 순서대로 보면 성경의 메시지를 이해하는 데 도움이 될 수 있다.

창세기에서 하나님께서는 말씀으로 천지를 창조하신다. 에덴동산에서, 최초의 인간인 아담과 이브는 선악을 알게 하는 나무의 열매를 먹음으로 하나님께 불순종한다. 그 결과, 그들은 하나님, 서로, 그리고 다른 창조물들과의 관계가 단절되고, 동산에서 쫓겨난다.

후에, 하나님께서는 아브라함과 이삭과 야곱에게

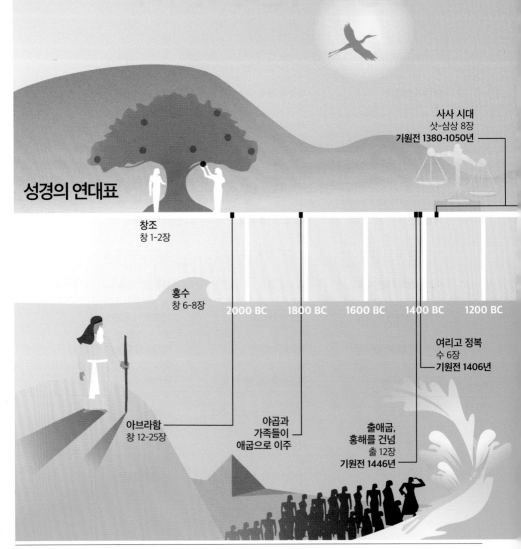

성경의 연대표

사사 시대
삿–삼상 8장
기원전 1380-1050년

창조
창 1-2장

홍수
창 6-8장

2000 BC   1800 BC   1600 BC   1400 BC   1200 BC

여리고 정복
수 6장
기원전 1406년

아브라함
창 12-25장

야곱과 가족들이 애굽으로 이주

출애굽, 홍해를 건넘
출 12장
기원전 1446년

그들의 후손으로 민족을 일으키실 것을 약속한다. 이들의 혈통으로부터 이스라엘 민족이 나오고, 이들은 하나님께서 애굽의 노예 처지에서 이들을 구원하신 뒤 결국 약속의 땅인 가나안을 정복한다. 약속의 땅에서 이스라엘 백성들은 사사들과 왕들의 통치를 받다가, 결국 내전으로 북 이스라엘과 남

유다 왕국으로 나누어진다. 두 나라의 백성들은 불순종으로 인하여 하나님의 심판을 받고, 결국 앗수르와 바벨론에게 정복되어 두 나라는 끝이 난다. 마침내, 예수님이 로마 제국의 시대에 이 땅에 오신다. 신약 성경은 예수님의 삼 년의 사역과 초대 교회의 처음 100년가량의 역사를 기록하고 있다.

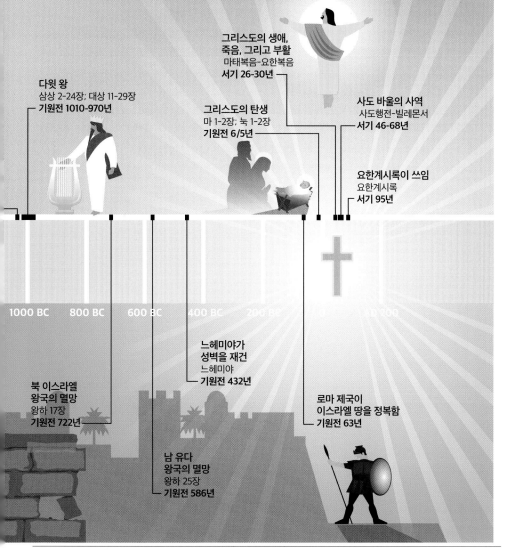

그리스도의 생애, 죽음, 그리고 부활
마태복음-요한복음
서기 26-30년

다윗 왕
삼상 2-24장; 대상 11-29장
기원전 1010-970년

그리스도의 탄생
마 1-2장; 눅 1-2장
기원전 6/5년

사도 바울의 사역
사도행전-빌레몬서
서기 46-68년

요한계시록이 쓰임
요한계시록
서기 95년

1000 BC   800 BC   600 BC   400 BC   200 BC   0   AD 200

느헤미야가 성벽을 재건
느헤미야
기원전 432년

북 이스라엘 왕국의 멸망
왕하 17장
기원전 722년

남 유다 왕국의 멸망
왕하 25장
기원전 586년

로마 제국이 이스라엘 땅을 정복함
기원전 63년

성경의 사건과 이야기

창조

말씀의 능력으로, 하나님께서는 천지를 창조하신다. 성경은 다음의 말씀으로 시작한다. "태초에 하나님께서 천지를 창조하시니라. 땅이 혼돈하고 공허하며 흑암이 깊음 위에 있고 하나님의 영은 수면 위에 운행하시니라"창1:1-2. 창조의 이야기는 하나님의 장엄한 권위와 지혜를 나타낸다.

엿새 동안의 창조는 "그리고 하나님께서 이르시되" 라는 말씀이 반복되고, 이에 따라 창조의 행위가 뒤따르는 유사한 패턴이 반복된다. 첫째 날부터 셋째 날까지, 하나님께서는 여러 환경을 창조하시고, 넷째 날부터 여섯째 날 동안은 그 환경 속에 서식할 개체와 생물들을 창조하신다.

첫째 날, 하나님께서는 빛을 만드시고, 넷째 날에는 지구에 지속적으로 빛을 비출 해, 달, 그리고 별들을 창조하신다.

둘째 날, 하나님께서는 물과 하늘을 창조하시고, 다섯째 날에는 물과 하늘을 채울 물고기와 새를 창조하신다.

셋째 날에 하나님께서는 식물을 창조하시고, 여섯째 날에는 땅의 동물과 인간을 창조하신다. 창조의 마지막 날인 여섯째 날에, 성경은 "하나님께서 그 지으신 모든 것을 보시니 심히 좋았더라" 창1:31고 기록하고 있다.

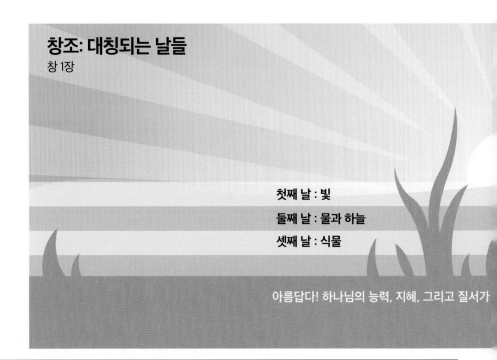

창조: 대칭되는 날들
창 1장

첫째 날 : 빛

둘째 날 : 물과 하늘

셋째 날 : 식물

아름답다! 하나님의 능력, 지혜, 그리고 질서가

여섯째 날에, 하나님께서는 창조의 백미인 인간을 창조하신다. 다른 피조물들과 달리, 하나님께서는 인간을 하나님의 형상을 따라 남성과 여성으로 창조하신다창1:26-27. 하나님께서 땅의 먼지로 첫 사람 아담을 만드시고, 생기를 그 코에 불어넣으시니 그가 생명을 얻는다창2:7. 하나님께서는 아담의 갈비뼈로 최초의 여자인 이브를 창조하신다창2:21-23. 두 남녀는 벌거벗었으나 부끄러워하지 않는다창2:25.

일곱째 날에, 하나님께서는 일을 마치시고 안식하신다. "하나님께서 그 일곱째 날을 복되게 하사 거룩하게 하셨으니, 이는 하나님께서 그 창조하시며 만드시던 모든 일을 마치시고 그 날에 안식하셨음이니라"창2:3.

창조의 과정에서, 하나님께서는 일과 안식의 형태를 세우시고 후에 그의 백성인 이스라엘 백성들이 배우고 행하도록 한다.

아담과 이브는 하나님께서 만드신 모든 좋은 것으로 가득 찬 낙원에 거한다창2:8-9. 하나님께서는 이들에게 땅을 다스리게 하고창1:26-28, 이들을 방문하여 함께 산책하신다창3:8. 하나님께서는 이들에게 동산에 있는 나무의 열매는 먹을 수 있지만, 죽음을 가져올 선악을 아는 나무의 열매는 먹지 말 것을 말씀하신다창2:16-17; 3:2-3.

넷째 날 : 태양과 달

다섯째 날 : 물고기와 새들

여섯째 날 : 동물들과 사람

1-3일과 4-6일간의 대칭 가운데 드러나고 있다.

인류의 타락

하나님께서는 세상을 보기에 좋게 창조하셨다창1:31. 비극적이게도, 인간은 창조주를 신뢰하지 않고, 뱀의 거짓말을 믿는다창3:1-7. 결과적으로 죄가 세상에 들어오고, 창조의 완전한 조화는 파괴된다.

이러한 은혜로부터의 "타락"이 일어나자, 세 가지 중요한 관계가 단절된다.

- 인간과 하나님과의 관계
- 인간과 다른 인간과의 관계
- 인간과 창조된 세계와의 관계

아담과 이브가 하나님을 거스른 후, 이들은 하나님과 친밀한 관계를 가졌던 에덴동산에서 쫓겨난다창3:23-24. 하나님께서는 거룩하시기 때문에 죄와 함께 하실 수 없다합1:13. 따라서 하나님께서는 인간과 계속해서 친밀한 교제를 나눌 수 없었다.

죄 때문에 인간과 하나님의 관계뿐만 아니라, 인간 서로 간의 관계도 단절되었다. 아담과 이브의 아들인 가인은 그의 형제 아벨을 죽이고창 4장, 이러한 사건은 한때 조화로웠던 세상이 갈등과 분쟁으로 가득 차 있다는 것을 명백하게 보여준다. 전쟁, 증오, 부적절한 성과 관련된 성경의 많은 이야기는 이런 현실을 지속적으로 묘사하고 있다.

타락은 인간과 다른 피조물들과의 관계도 단절시킨다. 아담과 이브는 한때 땅을 경작하기를 즐거워하였으나, 이제 그 땅은 인간에게 적대적이 된다창3:18. 식물에서 가시가 자란다. 동물들은 죽임을 당한다. 생명을 유지시키던 비가 이제 홍수와 눈보라를 일으키고, 양식을 공급하는 땅은 흔들리며 절망에 탄식한다롬8:20.

죄가 하나님의 창조에 파괴를 야기했지만, 그것으로 끝이 아니었다. 인류가 죄를 짓는 순간부터, 하나님께서는 이미 새로운 계획을 세우셔서 이 타락을 반전할 방법창3:15과, 새롭고 영원한 왕국으로 안내할 이를 준비하셨다단2:44. 하나님의 구원 계획은 구주 예수 안에서 절정에 다다른다. 예수님 홀로 타락으로 인한 모든 단절을 해결하신 것이다.

예수님의 십자가에서의 죽음은 그를 믿는 모든 자들의 죗값을 지불한다. 십자가에 못 박히신 예수님의 희생은 하나님과 인간 사이의 관계를 회복시키는 다리를 놓는다고후5:17-21. 또한 예수님께서는 사람간의 관계도 회복시키신다. 사람의 형체를 입으신 하나님요1:14이신 예수님께서는 숭고한 사랑의 본이 되어, 그리스도인이 그를 본받아 하나님의 사랑을 세상에 전하게 하신다갈5:22-23.

타락한 세상에 어떠한 일이 일어날 것인가? 죽음에서 부활하신 예수님께서 죄가 지배했던 세상을 정복하실 것이다요14:30; 계1:18. 세상은 선한 질서로 회복되고, 고통, 환난, 그리고 죽음은 더 이상 없을 것이다계21:4. 또한, 천국이 동물들이 서로 평화롭게 공존하는 모습으로 그려지는 것처럼 환경은 더 이상 인간에게 적대하지 않을 것이다사11:6.

하나님의 은혜로 인해, 타락의 이야기는 소망으로 가득 찬 화해와 영광의 이야기가 된다엡1:18. 처음부터, 하나님께서는 우리와 하나님과의 관계고후5:17-21, 다른 사람과의 관계요일4:7, 그리고 모든 것을 새롭게 하실 구원자를 약속하셨다.

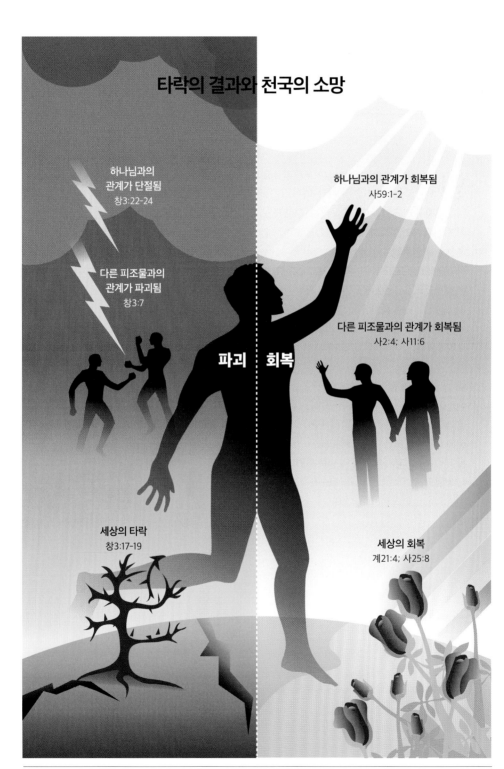

타락의 결과와 천국의 소망

하나님과의
관계가 단절됨
창3:22-24

하나님과의 관계가 회복됨
사59:1-2

다른 피조물과의
관계가 파괴됨
창3:7

다른 피조물과의 관계가 회복됨
사2:4; 사11:6

파괴 회복

세상의 타락
창3:17-19

세상의 회복
계21:4; 사25:8

성경의 사건과 이야기

노아의 홍수

인류의 악함 때문에, 하나님께서는 홍수로 세상을 없애시기로 결정하신다.

하나님께서는 유일한 의인창6:9인 노아에게 노아 자신과 그의 가족과 모든 동물들을 구하기 위해 방주를 만들라고 명하신다.

하나님께서는 노아에게 노송나무를 사용하여 방주를 만들되 그 안에 칸을 만들고, 위로 창을 내며, 3층으로 만들고, 방주의 옆에 문을 만들라고 말씀하신다 창6:14-16.

노아가 모든 양식, 가족, 그리고 짐승들을 방주에 실은 후에, 하나님께서는 방주의 문을 닫으신다 창7:16. 7일 후에 홍수가 시작된다.

샘들이 바닥에서부터 넘치기 시작하고, 비가 40일 낮과 밤 동안 내리자 세상의 모든 것들이 다 물에 잠긴다. 그리고 비가 그친다.

물이 줄어들기까지는 거의 일 년이 걸렸다. 노아는 마른 땅에 내리자, 제단을 만들고 하나님께 번제를 드린다. "하나님께서 그 향기를 받으시고 그 중심에 이르시되, 내가 다시는 사람으로 말미암아 땅을 저주하지 아니하리니 이는 사람의 마음이 계획하는 바가 어려서부터 악함이라 내가 전에 행한 것 같이 모든 생물을 다시 멸하지 아니할 것이다"창8:21.

하나님께서는 노아에게 아담에게 하셨던 것과 같은 말씀을 주신다. "생육하고 번성하여 땅에 충만하라"창9:1; 1:28. 또한 노아와 그의 아들들에게 다음과 같이 말씀하신다. "내가 내 언약을 너희와 세우리니 …… 다시는 모든 생물을 홍수로 멸하지 아니할 것이라 땅을 멸할 홍수가 다시 있지 아니하리라." 이 약속의 증표로 하나님께서는 구름 사이에 무지개를 띄우신다창9:8-17.

방주에서의 일 년

창 6-8장

노아는 방주에서 375일을 삶
아래와 같이 이 시기의 삶을 나누어 볼 수 있음

7일
노아가 홍수가 나기
일주일 전에 방주에 들어감

40일
40일 주야로
비가 내려 물이
세상을 덮음

150일
물이 빠지고,
방주는 아라랏 산에
정착함

178일
물이 계속해서 빠지고,
노아는 방주에서 새를
날려 보내고,
새가 돌아오지 않자
방주에서 나옴

성경의 사건과 이야기

바벨탑

바 벨탑에서, 하나님께서는 그의 명령에 불순종한 인류를 혼란케 하신다.

홍수 후에, 노아와 그의 아들들은 땅을 다시 충만케 하기 위해 생육하고 번성하라는 하나님의 명령을 받는다창9:1. 그러나 이들은 이 명령을 무시하고, 방주가 착륙한 아라랏 산 동쪽으로 이동하기 시작한다. 그들은 티그리스와 유프라테스 강 사이의 메소포타미아 지역으로 추정되는 시날 평지에 모여 정착한다.

그들은 모두 한 언어를 사용하였고, 자신의 이름을 드러내고자 하는 공통의 목표를 가지고 있었다. 그들은 하늘에 닿는 탑을 건축하기 위해서 함께 일하기 시작하고, 그래서 하나님께서 특별히 내리신 명령, 즉 땅에 충만해야 할 필요가 없어진다창11:4. 하나님께서는 그들의 행동을 좋아하지 아니하신다.

하나님께서는 내려오셔서 도시와 탑을 건설하는 것을 보신다창11:5. 하나님께서는 이 무리가 계속해서 서로 간에 소통하며 서로의 말을 이해하면 이들이 하는 일을 막을 수 없으리라고 말씀하신다창11:5-7. 하나님께서는 언어를 혼잡케 하시어 탑의 건설을 중단하게 하신다창11:7. 이를 "바벨탑 사건"이라고 부르는데, "바벨"이란 소리가 히브리어의 "혼돈"이란 소리와 같기 때문이다.

무리들은 탑을 건설하기를 중단하고, 마침내 온 지면으로 흩어진다창11:8. 함의 아들들은 남서쪽으로 이동하여 아프리카 지역에 정착한다. 야벳의 아들들은 북서쪽으로 이동하여 지금의 유럽 지역에 정착하고, 셈의 아들들은 북동쪽으로 이동하여 아시아, 혹은 지금의 중동과 근동서남 아시아·이집트·발칸 반도 등의 여러 나라를 막연히 지칭하는 말에 정착한다.

세 아들은 번성하고 생육하여 땅을 충만케 한다. 그리고 성경은 셈의 후손들에 대해 이야기한다. 열 세대 후에, "열국의 아버지"이고 "예수의 조상"인 아브라함이 셈 족에서 태어난다.

바벨탑

유프라테스 강

티그리스 강

시날 평지

하나님께서
인류를 흩으심

성경의 사건과 이야기

아브라함을 부르심

<big>아</big> 브라함의 나이 75세에, 하나님께서 그에게 고향을 떠나 하나님을 따를 것을 지시하시고, 다음과 같이 약속하신다. "내가 너로 큰 민족을 이루고 네게 복을 주어 네 이름을 창대하게 하리니 …… 땅의 모든 족속이 너로 말미암아 복을 얻을 것이라"창12:1-3.

아브라함은 갈 바를 알지 못하였으나, 믿음으로 순종하여 하나님께서 지시하는 곳으로 나아간다

히11:8-9.

아브라함과 그의 아내 사라에게는 아이가 없었지만, 하나님께서는 하늘의 별보다 더 많은 자녀를 가질 것이라고 약속하신다창15:5.

수년 후에, 의심의 순간들을 거쳐, 하나님께서는 아들, 이삭을 탄생케 하시어 약속을 성취하신다. 아브라함의 혈통에서 이스라엘 민족과 궁극적으로는 구주 예수가 탄생한다.

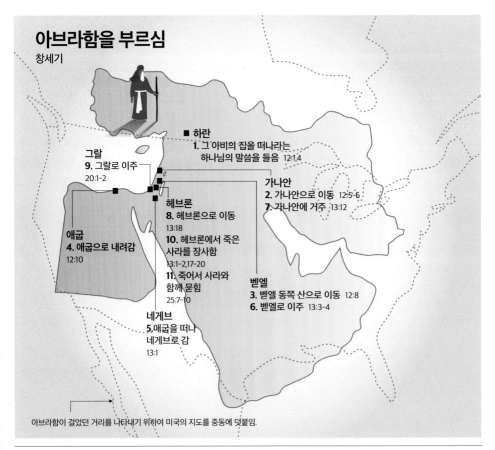

아브라함을 부르심
창세기

하란
1. 그 아비의 집을 떠나라는 하나님의 말씀을 들음 12:1,4

그랄
9. 그랄로 이주 20:1-2

가나안
2. 가나안으로 이동 12:5-6
7. 가나안에 거주 13:12

헤브론
8. 헤브론으로 이동 13:18
10. 헤브론에서 죽은 사라를 장사함 13:1-2,17-20
11. 죽어서 사라와 함께 묻힘 25:7-10

애굽
4. 애굽으로 내려감 12:10

벧엘
3. 벧엘 동쪽 산으로 이동 12:8
6. 벧엘로 이주 13:3-4

네게브
5. 애굽을 떠나 네게브로 감 13:1

아브라함이 걸었던 거리를 나타내기 위하여 미국의 지도를 중동에 덧붙임.

성경의 사건과 이야기

아브라함에 대한 약속

아브라함은 하나님으로부터 매우 중요한 약속을 받고, 이를 믿었다. 이 위대한 약속은 세 가지이다.

첫째, 하나님께서는 아브라함을 "열국의 아비"가 될 것이라고 약속하신다창17:4. 하나님께서는 아브라함과 그의 아내가 늙고 자식이 없을 때 이를 약속하셨다.

둘째, 하나님께서는 아브라함과 그의 후손의 하나님이 될 것을 약속하신다.

셋째, 하나님께서는 아브라함과 그의 후손들에게 약속의 땅인 가나안 땅을 줄 것이라고 약속하신다창17:4-8.

사도 바울은 아브라함의 생애를 행위가 아닌 믿음으로 의가 온다는 증거로 삼았다. "아브라함이 하나님을 믿으매 그것을 그에게 의로 정하셨다 함과 같으니라"갈3:6.

아브라함에 대한 약속들
창세기

그가 큰 민족을 이루고 복을 받을 것임
12:2a

그의 이름이 창대하게 되고 복의 근원이 될 것임
12:2b, 3c

그를 축복하는 자는 복을 받을 것임
12:3a

그를 저주하는 자는 저주를 받을 것임
12:3b

그의 자손들에게 가나안 땅이 주어질 것임
12:6-7,17:8

그는 많은 후손들을 가질 것임
13:14-17

자신에게서 난 아들이 상속자가 될 것임
15:2-5

그는 열국의 아비가 될 것임
17:1-8

사라가 아들을 낳을 것임
8:8-11

그의 후손을 통하여 열국이 복을 받을 것임
22:15-18

성경의 사건과 이야기

모세의 출생과 부르심

모세는 이스라엘 민족이 애굽의 포로였을 시기에 태어난다. 애굽의 왕 바로가 이스라엘 백성들이 번성하는 것을 막기 위하여 출산한 모든 히브리 남자 아기들을 죽이라고 명령하자출1:15-22, 모세의 어머니는 아기인 모세를 갈대 상자 안에 넣어 나일 강가 갈대밭 사이에 숨긴다. 모세는 바로의 딸에게 발견되고 애굽의 궁전에서 자라난다 출2:5-10.

80년 후, 모세는 시내 반도에서 난민으로 살게 된다. 그는 히브리 노예를 학대하는 애굽인을 살해한 후에 미디안 땅으로 도망하여 출2:11-15, 양을 기르고 있었다 출2:21; 3:1 .

어느 날, 모세는 떨기나무에 불이 붙었으나 꺼지지 않는 것을 보고, 그것을 보려고 가까이 간다출3:1-4. 하나님께서는 꺼지지 않는 떨기나무에서 모세에게 애굽으로 돌아가 바로에게서 하나님의 백성들을 약속의 땅으로 인도해 오라고 말씀하신다출3:5-10.

모세

아래와 같은 행위를 한 빈도수

하나님의 백성을 보내라고 바로에게 말함

10

금식

3

바위에서 물이 남

2

십계명을 받음

2

외침
성경에 모세가 언급된 빈도수

818

모세가 기록한 성경의 부분은
어느 정도인가?*

15.7%

187장**

*장의 숫자에 기초함
** 추정치

나이 1-40

바로가 모든 히브리 아기를 죽이라고 명령할
당시에 태어남
출1:15-2:2a

그의 생명을 소중히 여기는 어미에 의해 숨겨짐
출2:2b-4

바로의 딸에게 입양 됨
출2:5-10

성장: 애굽에서 도망침
출2:11-15

나이 41-80

미디안 여인과 결혼
출2:16-22

아들을 가짐
출2:22

꺼지지 않는 떨기나무에서 말씀하시는
하나님의 음성을 들음
출3:1-6

애굽으로부터 이스라엘을 인도하기 위해 택함 받음
출3:7-10

나이 81-120

애굽에 돌아감
출4:18-20

바로를 대적함
출7:10-11:10

백성을 약속으로 땅으로 데려감
출 14-40장

장사됨
신34:1-12

성경의 사건과 이야기

10가지 재앙과 출애굽

애굽의 노예로 400년을 지낸 후, 하나님께서는 이스라엘 백성의 부르짖음을 들으신다 출 2:23-25. 히브리인임에도 애굽의 궁정에서 자라난 모세는 하나님의 특별한 목적을 위해 출생부터 다른 이들과 구분된다 출 2:1-10. 하나님께서는 모세를 부르시고 이스라엘 민족을 애굽으로부터 하나님께서 그들의 조상에게 주기로 약속하신 땅으로 인도해 가도록 하신다 출3:16-17.

하나님께서는 모세를 바로에게 보내시어, 이스라엘 백성이 광야로 가서 그들의 하나님을 예배하도록 할 것을 요구하신다. 그러나 하나님께서는 바로가 거절할 것을 미리 알리시고, 이스라엘을 압제로부터 구원하기 위하여 그의 능력과 기적을 애굽에서 보이실 것을 허락하신다 출3:16-22.

하나님의 계획을 듣자마자, 이스라엘 장로들은 이스라엘의 비참함을 보시고 그들을 살피시는 하나님께 머리 숙여 경배를 한다 출4:27-31.

마지막 열 번째 재앙 후에, 바로는 마침내 이스라엘 백성들을 놓아주기로 결정한다.

하나님께서 애굽 사람들을 통하여 그의 백성들에게 은혜를 입히게 하시어, 이스라엘 백성들이 하루빨리 떠났으면 했던 애굽 사람들은 기꺼이 금, 은, 그리고 의복을 제공한다 출12:35-36.

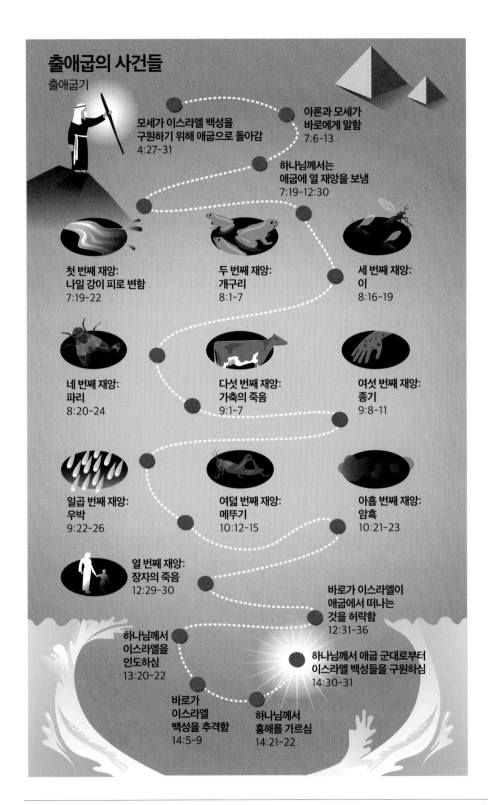

출애굽의 사건들

출애굽기

모세가 이스라엘 백성을
구원하기 위해 애굽으로 돌아감
4:27-31

아론과 모세가
바로에게 말함
7:6-13

하나님께서는
애굽에 열 재앙을 보냄
7:19-12:30

첫 번째 재앙:
나일 강이 피로 변함
7:19-22

두 번째 재앙:
개구리
8:1-7

세 번째 재앙:
이
8:16-19

네 번째 재앙:
파리
8:20-24

다섯 번째 재앙:
가축의 죽음
9:1-7

여섯 번째 재앙:
종기
9:8-11

일곱 번째 재앙:
우박
9:22-26

여덟 번째 재앙:
메뚜기
10:12-15

아홉 번째 재앙:
암흑
10:21-23

열 번째 재앙:
장자의 죽음
12:29-30

바로가 이스라엘이
애굽에서 떠나는
것을 허락함
12:31-36

하나님께서
이스라엘을
인도하심
13:20-22

하나님께서 애굽 군대로부터
이스라엘 백성들을 구원하심
14:30-31

바로가
이스라엘
백성을 추격함
14:5-9

하나님께서
홍해를 가르심
14:21-22

성경의 사건과 이야기

율법을 주시다

광야에서 하나님께서는 이스라엘 백성들을 약속의 땅에 들어가도록 준비시키신다. 하나님께서는 그의 백성들이 이스라엘의 하나님만이 유일한 신이라는 사실을 주변 이방 국가에 알리는 증인이 되기를 원하신다. 정의롭고 거룩하신 하나님을 따르는 백성으로서, 이스라엘은 세상의 법으로 사는 것이 아니고 하나님의 뜻을 따라 살아야 한다.

하나님께서는 시내 산에서 모세에게 그의 법을 전하신다. 모세는 이스라엘에게 말로 율법을 거듭 말하였을 뿐 아니라, 성경의 처음 다섯 권의 책인 창세기, 출애굽기, 레위기, 민수기, 신명기 안에 율법을 기록하였다. 이 책들은 모세오경으로 불린다.

하나님의 백성인 이스라엘 백성들의 삶은 율법에 의해 형성이 되고 인도받게 된다. "오늘 내가 네게 명하는 이 말씀을 너는 마음에 새기고 네 자녀에게 부지런히 가르치며 집에 앉았을 때에든지 길을 갈 때에든지 누워 있을 때에든지 일어날 때에든지 이 말씀을 강론할 것이며 너는 또 그것을 네 손목에 매어 기호를 삼으며 네 미간에 붙여 표로 삼고 또 네 집 문설주와 바깥문에 기록할지니라"신6:6-9.

율법은 삶의 모든 주제를 다루고 있는 613개의 명령으로 구성되어 있다. 율법은 하나님을 예배하는 방법, 절기와 축제를 지내는 방법, 그리고 작물을 심는 방법을 포함하고 있다. 율법은 주인과 종의 관계에 대해서도 정하고 있다. 율법은 전염성 질병을 다루는 지침, 음식법, 착용할 수 있는 의복의 종류, 그리고 가능한 성적 행위의 종류 등을 포함하고 있다.

율법은 없는 자, 나중 된 자, 그리고 버려진 자를 향한 하나님의 마음을 전하고 있다신10:18; 24:17-19. 이스라엘 백성들은 하나님에 의해 구별되었기 때문에, 세상의 다른 사람들과 뚜렷하게 다르다. 또한 율법은 하나님의 사랑과 거룩과 공의를 나타내고 있다. 이는 하나님을 따르는 자들이 서로를, 그리고 특히 억압과 압제 가운데 있는 외국인, 고아, 그리고 과부를 대우하는 데서 잘 드러난다.

신약 성경에서는, 율법이 선한 것이나 어느 누구도 율법을 전부 지킬 수 없기 때문에 사람을 온전히 의롭게 할 수 없다고 설명하고 있다갈3:21. 약속하신 분이 오기까지, 율법은 우리가 하나님을 거슬러 죄를 짓거나, 법을 어기는 것을 알게 해주기 때문에 필요한 것이다갈3:19. 율법은 우리의 죄를 깨닫게 해 주고, 삶과 십자가의 죽음으로 율법이 요구하는 바를 모두 성취하신 한 분이신 예수님을 우리에게 가리키고 있다. 예수님께서는 우리와 반대되는 법조문을 십자가에 못 박으시고, 우리를 덮고 있던 죄와 사망의 권세를 이기셨다골2:13-15.

신약 성경은 기독교인은 결코 율법에 속한 것이 아니고, 은혜 아래 있는 것임을 명확히 밝히고 있다롬6:14; 7:1-4; 고후3:7-18; 갈3:10-13. 율법이 우리에게 죄를 깨닫게 할지라도, 오직 예수 안에 있는 믿음만이 우리의 죄를 없애는 것이다. "율법이 육신으로 말미암아 연약하여 할 수 없는 그것을 하나님께서는 하시나니 곧 죄로 말미암아 자기 아들을 죄 있는 육신의 모양으로 보내어 육신에 죄를 정하신다"롬8:3.

율법을 주심

모세오경은 345개의 주제를 가진 613개의 법을 제시한다.
아래에 각 주제에 대한 법의 빈도를 표시하고 있다.

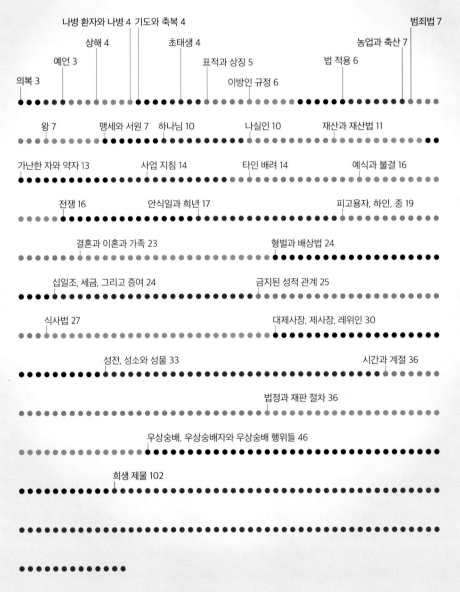

의복 3 · 예언 3 · 상해 4 · 나병 환자와 나병 4 · 기도와 축복 4 · 초태생 4 · 표적과 상징 5 · 이방인 규정 6 · 법 적용 6 · 농업과 축산 7 · 범죄법 7

왕 7 · 맹세와 서원 7 · 하나님 10 · 나실인 10 · 재산과 재산법 11

가난한 자와 약자 13 · 사업 지침 14 · 타인 배려 14 · 예식과 불결 16

전쟁 16 · 안식일과 희년 17 · 피고용자, 하인, 종 19

결혼과 이혼과 가족 23 · 형벌과 배상법 24

십일조, 세금, 그리고 증여 24 · 금지된 성적 관계 25

식사법 27 · 대제사장, 제사장, 레위인 30

성전, 성소와 성물 33 · 시간과 계절 36

법정과 재판 절차 36

우상숭배, 우상숭배자와 우상숭배 행위들 46

희생 제물 102

성 경 의 사 건 과 이 야 기

광야에서의 40년

이스라엘 백성들은 하나님이 행하신 기적을 통하여 출애굽 한다. 하나님께서는 개구리, 메뚜기, 피로 변한 물, 그리고 또 다른 여러 재앙들을 보내시어 바로를 항복하게 하시고, 이스라엘 백성들을 노예로부터 자유케 하신다. 또한 이스라엘 백성들은 하나님께서 홍해를 갈라지게 하는 것을 목격하였고, 적을 피해 드러난 땅을 건넌다. 하나님께서는 구름 기둥과 불 기둥으로 이스라엘 백성들을 신실하게 인도하신다.

이스라엘 백성들은 계속해서 수르 광야로 나아간다출15:22. 3일 만에 드디어 발견한 물이 마실 수 없는 물이자 이들은 불평하기 시작한다. 하나님께서 기적으로 물을 마실 수 있게 바꾸신 후에, 그들의 지도자인 모세는 이스라엘 백성들에게 만일 이들이 하나님의 말씀을 듣고 순종한다면 애굽에서 있었던 모든 질병이 없을 것이라고 말한다출15:26-27.

이스라엘 백성들은 많은 신선한 물을 발견했던 엘림을 떠나출15:27, 시내 반도에 있는 신 광야로 간다출16:1. 거기서 그들은 배고픔 때문에 또 불평한다. 다시, 하나님께서는 기적으로 하늘로부터 온 빵인 만나를 보내신다 출 16장. 모세는 이들에게 하나님께서 매일 아침 만나를 공급할 것이니, 하루에 필요한 만큼만 거두라고 지시한다출16:16. 하나님을 신뢰하지 않은 자들은 다음날을 위하여 더 많은 만나를 모은다. 벌레들이 음식을 썩게 하고, 모세는 그들에게 노한다출16:20.

다음으로, 이스라엘 백성들은 르비딤에 장막을 치고, 다시 물이 없음에 불평하자 하나님께서 이들을 위해 물을 주신다 출17:1-7. 이스라엘이 그곳에 있는 동안, 아말렉이 공격한다.

하나님께서는 모세가 손을 들고 있는 동안 이스라엘을 승리하게 하신다. 모세가 지치자, 다른 사람들이 모세를 도와 팔이 내려지지 않도록 붙들어 전쟁에서 승리한다출17:8-16. 르비딤으로부터 시내 광야로 이동하였을 때, 하나님께서는 그곳에서 모세를 대면하시고민12:8 율법을 주신다.

이스라엘의 40년 광야에서의 세월 동안, 모세는 하나님께서 택한 지도자였다. 성경은 모세에 대하여 다음과 같이 기록하고 있다. "이 사람 모세는 온유함이 지면의 모든 사람보다 더하더라"민12:3. 율법을 받은 모세는 이스라엘 백성들이 머무를 때에 율법을 전하고출19-31, 그들에게 이 율법을 자녀와 후손들에게 가르칠 것을 지시한다.

하지만, 하나님의 율법을 들은 후에도 이스라엘 백성들은 우상을 만들고 숭배하는 패역을 저지른다. 모세는 하나님께 이스라엘 백성들을 진멸하시지 않기를 간구하고출32:7-14, 이스라엘이 다시 하나님께 드려질 수 있도록 인도한다출32:15-35. 백성들이 하나님을 따르겠다고 다시 다짐한 후에, 백성들은 하나님의 영이 거하고 그들이 하나님을 만날 수 있는 성막을 만든다. 이들은 하나님께서 모세에게 주신 지침에 따라 성막을 꾸민다출35-40.

이후 이스라엘은 약속의 땅을 향해 북쪽으로 나아가기 시작한다. 이 길을 따라 가면서 이스라엘은 불평하기 시작하고, 하나님께서는 지속적으로 이들의 필요를 채워주시지만민 11-12장 이는 마치 불평에 대한 결과로 필요의 해결이 따라오는 것과 같이 보이게 하기도 한다.

약속의 땅에 들어가기 전, 모세는 열두 정탐꾼을 파견한다. 모든 정탐꾼들이 그 땅이 좋고 풍요롭다는 사실에 동의한다. 정탐꾼 중, 여호수아와 갈렙은 이스라엘 백성들에게 하나님께서 주신 땅을 취하자고 말한다. 다른 정탐꾼들은 약속의 땅의 거인들이 이기기에 너무나도 강하다고 보고한다민 13장. 두려움에 떠는 이스라엘 백성들은 실망스러운 보고를 듣자 다시 하나님을 원망하기 시작한다. 모세는 믿음 없음으로 이들을 멸하지 마시고 은혜를 베푸실 것을 하나님께 간구한다. 하나님께서는 이스라엘 백성들을 용서하시나, 약속의 땅을 들어가기 전에 이들이 40년을 광야에서 방황할 것이고, 갈렙과 여호수아만 제외하고 모두 광야에서 죽을 것이라고 선포하신다.

그래서 이스라엘 백성들은 약속의 땅 가까운 광야에서 40년을 방황하며 허비한다. 이 시간 동안, 하나님께서는 계속해서 이들을 돌보신다. 백성들이 계속해서 불평하고 하나님의 돌보심을 의심한다 할지라도민19:2-5; 21:4-5, 이들은 만나를 먹고, 이들의 옷은 헤지지 않는다신8:4; 29:5. 이 시간 동안에, 하나님께서는 전염병민11:33이나 불뱀민21:6 등을 보내시어 백성들을 심판하였으나, 패역한 이스라엘을 진멸하지는 아니하신다.

애굽을 떠난 지 40년이 지나, 이스라엘 백성들은 호르 산 가까이 진을 친다. 거기서 모세는 백성들에게 약속의 땅인 가나안을 정복하고민33:50-56, 정복한 땅을 어떻게 지파 간에 분배할 것인지에 대하여 가르친다민34-36. 광야에서 이 세대에 속한 이스라엘 백성은 모두 죽는다. 오직 여호수아와 갈렙만이 살아남아 하나님의 백성을 인도하여 요단 강을 건너고, 그들을 기다리고 있는 약속의 땅에 들어간다.

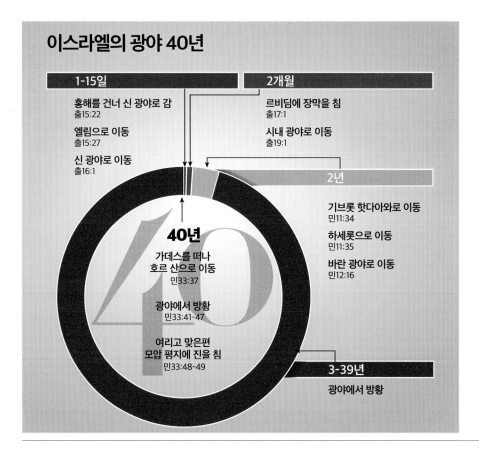

이스라엘의 광야 40년

1-15일
홍해를 건너 신 광야로 감
출15:22
엘림으로 이동
출15:27
신 광야로 이동
출16:1

2개월
르비딤에 장막을 침
출17:1
시내 광야로 이동
출19:1

2년
기브롯 핫다아와로 이동
민11:34
하세롯으로 이동
민11:35
바란 광야로 이동
민12:16

40년
가데스를 떠나
호르 산으로 이동
민33:37
광야에서 방황
민33:41-47
여리고 맞은편
모압 평지에 진을 침
민33:48-49

3-39년
광야에서 방황

성경의 사건과 이야기

약속의 땅으로의 여정

모세가 죽자, 여호수아가 이스라엘의 새로운 지도자가 되어 백성들에게 약속의 땅인 가나안에 들어갈 준비를 시킨다. 40년 전에 모세는 그 땅과 주민들을 살피기 위해 열두 정탐꾼을 파견했다. 정탐꾼 중 열 명은 돌아와서 이 땅은 거인으로 가득 차서 정복할 수 없다고 보고했다. 다른 두 정탐꾼인 여호수아와 갈렙은 하나님의 백성들에게 그 땅에 들어가자고 독려하였으나, 아무도 듣지 않았다. 이제 40년이 지나고, 여호수아와 갈렙은 오래 전 하나님께서 약속하신 그 땅으로 이스라엘 백성들을 인도하기 위하여 다시 섰다.

하나님께서는 임재와 능력의 표적으로 넘치게 흐르는 강을 나누시고, 그 강의 마른 땅을 밟고 지나가도록 이스라엘 백성들을 인도하신다. 강을 건넌 후에, 여호수아는 요단 서쪽에 기념비를 세우기 위하여 각 지파의 한 사람씩을 택하여 강으로부터 돌 하나씩을 가져오도록 명령한다. 이 기념비는 하나님께서 그들의 조상을 이 땅으로 오게 하셨음을 후손들이 영원히 기억하게 할 것이다.수4:1-9.

강을 건넌 이스라엘 백성들은 또 하나의 장애물인 여리고 성에 부닥친다. 하나님의 명령을 따라, 여호수아는 6일 동안 하루에 한 바퀴씩 성 주변을 조용히 행진한다. 일곱째 되는 날에, 그들은 성을 여섯 바퀴 돈다. 마지막 바퀴를 돈 후에, 여호수아는 백성에게, "외치라 여호와께서 너희에게 이 성을 주셨느니라"수16:16고 말한다. 백성들은 외친다. 여리고의 성벽은 무너지고, 여리고는 그들의 것이 된다.

여호수아의 지휘 아래 세 번의 엄청난 승리가 이스라엘의 가나안 정복 중에 있었다. 하나님께서

▶ 약 속 의 땅 을 정 복 함
여 호 수 아

여호수아의 이름은 "야훼는 구원이시다"라는 히브리 이름의 의미에서 유래됨.

숫자로 살펴 봄

28
여호수아가 이스라엘을 이끈 연수 (추정)

12
하나님의 기적을 기념하기 위해 세운 돌의 수
4:1-9

여호수아의 승리

3 전쟁에서의 대 승리

왕들을 **31** 무찌름

기적의 사건들

7 여리고 성이 무너지기 전 여리고 성을 백성이 행진함
6:1-25

하나님께서 우박으로 아모리를 무찌름
10:6-11

100 여호수아가 죽을 때의 나이
24:29

1 1일동안 태양이 멈춤
10:13

"너희가 섬길 자를 너희가 택하라......오직 나와 내 집은 여호와를 섬기겠노라." 24:15

는 이스라엘에게 승리를 주시고, 이스라엘은 하나님을 예배한다. 하나님께서 패배를 용인하실 때는, 그 이유를 알리신다. 이는 바로 진 안에서의 죄로 인한 것이었다수 7장.

약속의 땅을 정복하는 데에 28년이 걸린다. 여호수아는 12지파 중, 이미 요단의 동쪽을 요구하여 땅을 받은 르우벤과 갓 지파를 제외하고, 나머지 지파들에게 제비를 뽑아 정복한 땅을 나누어준다. 모세의 가르침을 따라, 레위 지파를 제외하고 나머지 지파들은 인구에 따라 땅을 분배받는다수 15-19장. 제사장을 돕는 레위 지파는 땅 대신에 희생제물의 일부를 받는다수13:14, 33. 이러한 방식으로 하나님께서는 그의 모든 백성들을 새 조국에 정착시키신다.

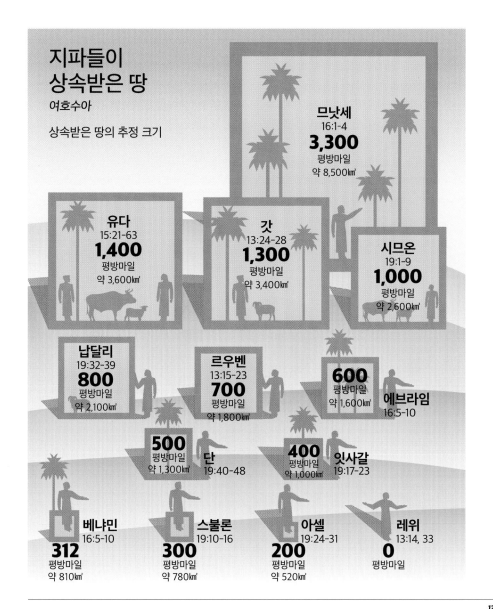

지파들이 상속받은 땅
여호수아

상속받은 땅의 추정 크기

므낫세
16:1-4
3,300
평방마일
약 8,500㎢

유다
15:21-63
1,400
평방마일
약 3,600㎢

갓
13:24-28
1,300
평방마일
약 3,400㎢

시므온
19:1-9
1,000
평방마일
약 2,600㎢

납달리
19:32-39
800
평방마일
약 2,100㎢

르우벤
13:15-23
700
평방마일
약 1,800㎢

600
평방마일
약 1,600㎢ **에브라임**
16:5-10

500
평방마일
약 1,300㎢ **단**
19:40-48

400
평방마일
약 1,000㎢ **잇사갈**
19:17-23

베냐민
16:5-10
312
평방마일
약 810㎢

스불론
19:10-16
300
평방마일
약 780㎢

아셀
19:24-31
200
평방마일
약 520㎢

레위
13:14, 33
0
평방마일

성경의 사건과 이야기

사사 시대

이스라엘의 사사 시대는 약 400년간 지속된다. 이는 약속의 땅의 정복과 여호수아의 죽음 이후의 시대다. 여호수아가 죽은 후, 이스라엘 백성들은 원 거주민들을 약속의 땅에서 완전하게 내쫓으라는 하나님의 명령을 따르지 않는다. 이스라엘 백성은 이 불순종으로 인해 계속해서 침략자들에게 시달린다. 이들이 죄를 지을 때 하나님의 손은 백성들에게 반反하여 큰 재앙이 오게 한다. 그 후 "여호와께서 사사들을 세우사 노략자의 손에서 그들을 구원하게 하신다" 삿2:16. 사사의 시대는 이스라엘 백성들이 마지막 사사인 사무엘에게 자신들을 다스릴 왕을 구할 때까지 지속된다.

사사기에는 이스라엘 민족 특유의 일곱 주기가 기록되어 있다. 이들은 죄를 짓고, 해방되었다가, 다시 죄를 짓는다. 이스라엘 백성들은 이방 신을 숭배함으로 죄를 짓고, 침략을 당함으로 심판을 받는다. 백성들은 적들의 압제 아래에서 죄를 뉘우친다. 그러면 하나님께서는 사사를 일으키셔서 백성들을 자유롭게 하신다. 백성들은 사사가 살아 있을 동안에는 하나님을 따르나, 그가 죽은 후에는 다시 죄에 빠지고, 이 모든 주기가 반복적으로 다시 시작된다.

옷니엘은 이스라엘의 첫 번째 사사이다삿3:9-10. 그는 모든 사람들이 두려워할 때 믿음과 용기로 이스라엘을 약속의 땅으로 인도한 두 정탐꾼 중 한 명인 갈렙의 가장 어린 형제였다. 갈렙처럼, 옷니엘은 용기를 가지고 팔 년 동안의 이방의 지배로부터 이스라엘을 자유케 하기 위해 분연히 일어나 전쟁에 임한다삿3:8.

에훗은 옷니엘을 이은 사사이다. 하나님께서는 그를 세우셔서 십팔 년 동안의 모압의 압제로부터 이스라엘을 구

사사들의 주기
사사기

2 하나님의 심판; 적들의 침략

3 백성들의 회개

4 하나님께서 사사를 세우심

1 백성들이 죄를 지음

6 사사가 죽음

5 백성들이 자유케 됨

한다샷3:14. 에훗은 모압 왕에게 비밀을 말해줄 것처럼 속여 그를 암살한 후에 이스라엘을 이끌고 전쟁을 하고, 결국 모압을 정복한다.

삼갈은 에훗을 이은 사사다. 그는 직접 소를 치는 막대기를 가지고 600명의 블레셋인들을 죽이고 이스라엘을 구한다.

이스라엘의 다음 사사는 여선지자 드보라이다. 그녀는 바락에게 가나안에 맞서서 이스라엘을 이끌라고 명령한다. 바락은 드보라와 함께 가지 않으면 가지 않겠다고 거절한다. 드보라는 전쟁에 나가면서 전쟁의 영예는 바락 대신에 여인에게 돌아갈 것이라고 예언한다. 이 예언은 한 이스라엘 여인이 자고 있는 가나안 왕을 죽임으로 이루어진다샷 4-5장.

드보라 이후, 하나님께서는 다음 사사인 기드온을 세우시고 변화시키신다. 기드온이 적이 무서워서 숨어 있을 때, 하나님의 천사가 그에게 나타난다. 하나님께서는 기드온을 "큰 용사"라고 부르시고, 후에 이스라엘을 이끌어 미디안에게 승리할 자로 지정하신다샷 6-9장.

기드온 이후 눈에 띄는 또 다른 사사들은 입다와 삼손이다. 삼손은 그의 어머니의 서원에 의해 하나님께 바쳐진 나실인이다.

사사 시대는 이스라엘 백성들이 하나님께서 경고하셨음에도 불구하고, 선지자이자 사사인 사무엘에게 왕을 원했을 때에 끝난다삼상8:1-9.

이스라엘의 사사들
사사기

둘라
사사로
23
년 동안
다스림
10:2

드보라
이스라엘을 이끌고
야빈 왕의 군대장관
시스라를 무찌름
4:7,23-24

엘론
사사로
10
년 동안
다스림
12:11

에훗
이스라엘을 이끌고
10,000
명의 모압인을 죽임
3:26-2

입다
서원을 지키기 위해
딸을 제물로 바침
11:34-40

71
기드온
71명의
자녀를
가짐
8:30-31

1st
옷니엘
이스라엘의
첫번째
사사로
섬김
3:9-10

JUDGE 사 사

입산
30
명의 아들
&
30
명의 딸
12:9

삼손
나귀의 새 턱뼈로
1,000
명의 블레셋인을 죽임
15:15

압돈
40
명의
아들과
30
명의
손자가
70
마리
나귀를 탐
12:14

야일
30
명의 아들이
30
마리의
나귀를 탐
10:4

삼갈
막대기로
600
명의 블레셋인을
죽임
3:31

성 경 의 사 건 과 이 야 기

다윗의 가족

다윗은 아브라함의 후손이며, 다윗의 후손에서 구세주 예수님이 나신다.
"모든 대 수가 아브라함부터 다윗까지 열네 대요 다윗부터 바벨론으로 사로잡혀 갈 때까지 열네 대요 바벨론으로 사로잡혀 간 후부터 그리스도까지 열네 대더라" 마1:17.
다윗은 성경에 이름이 기록된 아내만 해도 여덟이 넘었으며, 그들과 알려지지 않은 수의 후궁들에게서 스무 명이 넘는 자녀를 두었다. 다윗의 가족 사이에서는 많은 갈등이 있었다. 예를 들어, 그의 아들 암논은 이복 여동생을 강간하고, 또 다른 아들 압살롬은 다윗에게 반역을 꾀한다.
다윗의 첫째 아내인 사울 왕의 딸 미갈에게는 자녀가 없었기 때문에, 또 다른 아내 밧세바가 낳은 솔로몬이 궁극적으로 이스라엘의 왕위를 이어받고, 예수의 족보를 잇는다.

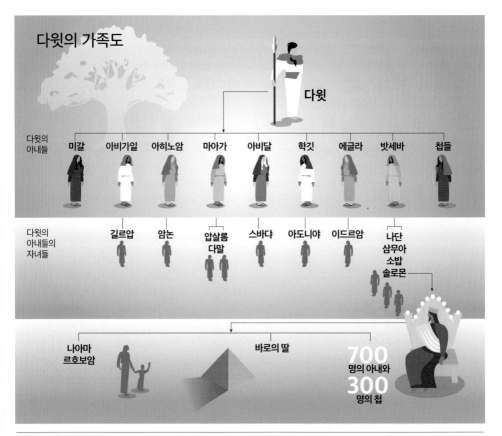

다윗의 가족도

다윗

다윗의 아내들: 미갈 · 아비가일 · 아히노암 · 마아가 · 아비달 · 학깃 · 에글라 · 밧세바 · 첩들

다윗의 아내들의 자녀들: 길르압 · 암논 · 압살롬 다말 · 스바댜 · 아도니야 · 이드르암 · 나단 삼무아 소밥 솔로몬

나아마 르호보암 · 바로의 딸 · 700명의 아내와 300명의 첩

성 경 의 사 건 과 이 야 기

시편의 작사가 다윗

훗 날 이스라엘의 왕이 된 양치기 소년, 다윗은 시편노래 또는 찬송이라고도 함의 거의 절반을 작사한다. 왕이 되기 전, 다윗은 사울 왕의 안정을 위하여 왕궁에서 연주한다삼상16:14-23.

다윗은 많은 찬양, 감사, 그리고 지혜의 시편을 썼다. 감사의 시편이 하나님의 위대한 일을 선포하는 반면에, 찬양의 시편은 하나님의 성품에 대한 감사를 표현하고 있다. 지혜의 시편은 하나님의 법을 찬양하고 있다. 다윗은 적들에 대해 하나님의 공의를 요구하며 호소하거나 저주하는 시편도 썼다.

다윗은 현재의 왕권을 찬양하면서도 이스라엘의 궁극적인 왕인 예수를 가리키는 여덟 편의 왕의 시편도 썼다. 다윗은 오실 구세주를 예언하는 시편 22편 같은 여러 편의 메시아 시편도 지었다. 다윗이 지은 네 편의 순례자의 시편은 유월절을 지키기 위해 이스라엘 백성들이 예루살렘으로 올라갈 때 불렀던 찬송가이다.

다윗 시편의 대부분은 참회의 시이다. 이 노래들은 인간의 고난을 담는 반면 하나님의 존재 안에서 안식을 찾는다. 이 시편들은 종종 고난 가운데서 하나님의 선하심을 간구한다.

"주여 나는 외롭고 괴로우니 내게 돌이키사 나에게 은혜를 베푸소서"시25:16.

시편의 여러 형태

저주의 시편
원수들의 심판을 하나님께 간구함
7, 35, 40, 55, 58-59, 69, 79, 109, 137, 139, 147

왕의 시편
이스라엘의 왕(다윗)을 높이며 오실 메시아를 가리키는 시편들
2, 18, 20-21, 45, 72, 101, 110, 132, 144

지혜의 시편
율법의 가르침을 찬양하는 시편들
1, 19, 27, 37, 49, 73, 112, 119, 127-128, 133

순례의 시편
예루살렘으로 순례하며 이스라엘 백성들이 불렀던 노래들
120-134

찬양의 시편
하나님을 찬양하는 시편들
8, 18, 21, 29-30, 33, 36, 40-41, 66, 68, 75, 93, 103-106, 111, 113-114, 116-117, 135-136, 138, 145-150

감사의 시편
하나님께 감사하는 시편들
9, 32, 34, 65-67, 92, 105-107, 116, 118, 136, 138

메시아 시편
오실 메시아를 고대하는 시편들
2, 8, 16, 22, 34-35, 40-41, 45, 68-69, 89, 102, 109-110, 118

참회의 시편
고난과 위기의 시기에 하나님의 임재를 구하는 시
3-7, 9-10, 12-14, 17, 22, 25-28, 31, 35-36, 38-44, 51-61, 64, 69-71, 74, 77, 79-80, 82-83, 85-86, 88-90, 94, 102, 108-109, 120, 123, 126, 129-130, 137, 139-143

통일 이스라엘 왕국

이스라엘은 마지막 사사인 사무엘의 시대까지, 열두 지파의 약한 동맹 상태였다. 사무엘이 이들의 첫 번째 왕을 지명하여 한 민족으로 통일된 이스라엘이 시작되었고, 120년 동안 세 왕의 통치 아래 통일이 지속되었다.

사무엘은 베냐민 지파의 키 큰 사울을 이스라엘의 첫 번째 왕으로 기름 붓는다. 사울은 건장한 생김새에도 불구하고 겸손한 자였다삼상9:21.

하나님께서는 사울의 왕권 초기에 이스라엘이 승리하게 하신다삼상11:11; 14:23. 하지만 사울은 계속되는 승리에 점차 교만해진다. 하나님께서는 선지자 사무엘을 보내시어 소년 다윗에게 기름 부으신다삼상 16장.

다윗은 기름 부음 받은 후, 즉시 왕위에 오르지는 못한다. 그는 계속해서 아버지의 양을 돌보았고,

사울의 궁정에서 악사로서 일했다. 다윗은 블레셋의 거인 골리앗을 양을 지킬 때 사용하는 돌팔매로 죽인 후에야 이스라엘의 관심을 얻는다.

사울은 결국 블레셋과의 전투에서 포로로 잡히기 전에 자살한다삼상31:1-6. 사울이 죽었다는 소식을 듣고, 다윗은 눈물을 흘리고 곡하며 금식한다. 유다 지파는 신속하게 다윗을 새로운 왕으로 추대하였으나삼하2:1-7, 사울에게 충성하는 자들은 다윗과 칠 년간 전쟁한다삼하 5장.

다윗의 왕권은 큰 승리들로 굳건해지고, 이는 이스라엘의 지속적인 전쟁을 의미했다.

다윗은 강력한 지도자였지만, 그도 실수하거나 죄를 짓는 순간들이 있었다. 대표적으로, 인구 조사를 하여 하나님의 심판을 받았고삼하 24장, 밧세바와 간음하여 그의 아들을 잃는다삼하 11-12장.

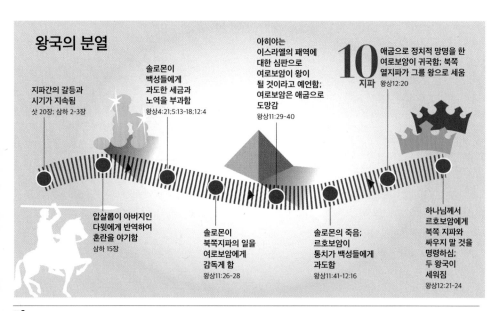

왕국의 분열

지파간의 갈등과 시기가 지속됨
삿 20장; 삼하 2-3장

솔로몬이 백성들에게 과도한 세금과 노역을 부과함
왕상4:21;5:13-18;12:4

아히야는 이스라엘의 패역에 대한 심판으로 여로보암이 왕이 될 것이라고 예언함; 여로보암은 애굽으로 도망감
왕상11:29-40

10 지파
애굽으로 정치적 망명을 한 여로보암이 귀국함; 북쪽 열지파가 그를 왕으로 세움
왕상12:20

압살롬이 아버지인 다윗에게 반역하여 혼란을 야기함
삼하 15장

솔로몬이 북쪽지파의 일을 여로보암에게 감독케 함
왕상11:26-28

솔로몬의 죽음; 르호보암이 통치가 백성들에게 과도함
왕상11:41-12:16

하나님께서 르호보암에게 북쪽 지파와 싸우지 말 것을 명령하심; 두 왕국이 세워짐
왕상12:21-24

다윗은 예루살렘에 성전을 건축하기를 원하였으나, 하나님께서는 허락하지 않으신다. 그의 아들 솔로몬이 대신 성전을 건축한다.

왕으로서 통치를 시작함에 따라, 솔로몬의 지혜가 세상에 널리 전해진다. 그는 긴 시간 동안 이스라엘을 평화롭게 다스리면서, 원대한 건축 계획과 학문 추구에 전념할 수 있었다. 솔로몬은 일꾼들을 징집하여 그의 궁전과 하나님의 성전을 건설한다왕상 5:13. 레위인들이 새 성전에 언약궤를 놓고, 하나님께 봉헌하였다. 하나님께서는 그에 따라 다시 한번 하나님의 임재를 보여주신다. "여호와의 전에 구름이 가득한지라 …… 여호와의 영광이 하나님의 전에 하나님의 전에 가득함이었더라"대하5:13-14.

솔로몬의 치세는 이스라엘의 찬란함의 정점이었다. 하지만, 솔로몬은 이방 여인을 아내로 취하며 하나님께 불순종했고, 우상숭배에 참여하는 죄악을 저지른다왕상11:1-13. 하나님께서는 결국 솔로몬을 심판하셔서 그의 아들이 왕이 될 때 한 지파만이 남고 나머지는 분열되리라고 선포하신다. 이 심판으로 이스라엘의 통일 왕국은 끝나고, 하나님의 백성들은 북 이스라엘 왕국과 남 유다 왕국으로 갈라진다왕상12:1-24.

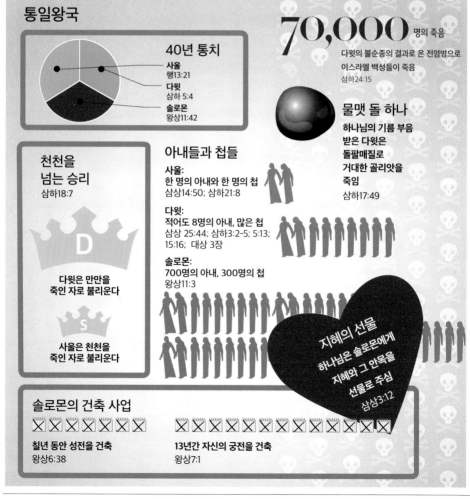

통일왕국

40년 통치
사울
행13:21
다윗
삼하 5:4
솔로몬
왕상11:42

천천을 넘는 승리
삼하18:7

D

다윗은 만만을 죽인 자로 불리운다

S

사울은 천천을 죽인 자로 불리운다

아내들과 첩들
사울:
한 명의 아내와 한 명의 첩
삼상14:50; 삼하21:8

다윗:
적어도 8명의 아내, 많은 첩
삼상 25:44; 삼하3:2-5; 5:13; 15:16; 대상 3장

솔로몬:
700명의 아내, 300명의 첩
왕상11:3

70,000 명의 죽음
다윗의 불순종의 결과로 온 전염병으로 이스라엘 백성들이 죽음
삼하24:15

물맷 돌 하나
하나님의 기름 부음 받은 다윗은 돌팔매질로 거대한 골리앗을 죽임
삼하17:49

지혜의 선물
하나님은 솔로몬에게 지혜와 그 안목을 선물로 주심
삼상3:12

솔로몬의 건축 사업
X X X X X X X
칠년 동안 성전을 건축
왕상6:38

X X X X X X X X X X X X X
13년간 자신의 궁전을 건축
왕상7:1

성경의 사건과 이야기

선지자들과 왕들

구 약성경에서 하나님께서는 선지자들을 통해 하나님의 심판의 말씀과 세상의 지도자들을 향한 비전을 전하신다. 선지자들은 성경에 기록된 것 중에서도 가장 가혹한 탄압을 견디며, 결과에 상관없이 계속해서 신실하게 하나님의 말씀을 전한다. 이들의 말과 이야기는 구약의 이사야서, 미가서, 에스겔서 등에서 찾아 볼 수 있다.

이스라엘이 왕정국가가 되어 하나님 대신 세상의 왕들에게 지배받기 전에 사무엘은 이스라엘의 선지자, 마지막 사사, 그리고 지도자였다. 사무엘은 이 과도기에 이스라엘의 처음 두 왕인 사울과 다윗을 기름 부으며 섬긴다각각 기원전 1050과 1025년으로 추정. 그는 예언하며, 사울 왕의 조언자로서 그를 섬겼다삼상10:25. 사울이 하나님께 불순종하자, 사무엘은 그를 심하게 책망하였고, 그로부터 나라가 떨어져 나갈 것이라고 말한다삼상13:8-14; 15:12-29. 그리고 사무엘은 사울 왕을 대신하여 왕이 될 다윗에게 기름을 붓는다삼상16:13.

나단 선지자는 다윗 왕의 재임 기간 동안 조언한다. 다윗이 성전의 건축에 대하여 나단의 조언을 구하자, 나단은 그가 아닌 그의 아들이 성전을 건축하리라고 말한다. 무엇보다도 나단은 하나님께서 다윗의 자손을 통하여 당신의 영원한 나라를 세울 것이라고 말한다. "네 수한이 차서 네 조상들과 함께 누울 때에 내가 네 몸에서 날 네 씨를 네 뒤에 세워 그의 나라를 견고하게 하리라"삼하7:12. 이는 궁극적으로 다윗의 후손으로 오실 구세주 예수를 말한다.

후에, 나단은 다윗이 밧세바와 행한 일, 그리고 그녀의 남편을 죽인 일로 다윗을 책망한다. 하나님은 나단을 통하여 다윗에게 임할 심판을 전하신다. "이제 네가 나를 업신여기고 이러한 죄를 범하였은즉 칼이 네 집에서 영원토록 떠나지 아니하리라"삼하12:10. 후에 나단은 다윗의 아들 솔로몬을 다음 왕으로 확고히 한다왕상 1장.

솔로몬이 죽은 후, 이스라엘 왕국은 북 이스라엘 왕국과 남 유다 왕국으로 나누어지고, 하나님께서 임명한 선지자들과 왕들에 의해 다스려진다.

북 이스라엘 왕국

아히야는 기원전 910년경에 활동하였으며, 북 왕국으로 보내진 첫 번째 선지자이다. 그는 북 왕국 이스라엘의 첫 여섯 왕의 통치기간 동안 예언한다. 아히야는 여로보암이 북 이스라엘의 왕이 되며왕상11:29-33 그가 다스릴 동안 우상숭배로 인해 그 혈통이 끊어질 것이라고 예언한다왕상14:1-19.

이후, 기원전 870년경 북 이스라엘의 가장 악한 왕인 아합의 통치 기간왕상16:30에 하나님께서는 북 이스라엘의 가장 유명한 선지자 중 하나인 엘리야를 세우신다. 아합과 그의 아내 이세벨은 하나님의 선지자들을 잡아 죽이고, 북 이스라엘이 우상숭배로 음란한 행위와 어린아이의 인신 공양을 하게 하는 등 잔혹한 짓들을 저지른다왕상16:30-33; 18:4. 아합의 통치 때, 엘리야는 아합 앞에 당당히 서서 하나님의 심판이 있을 것을 예언하고, 회개하고 하나님께 돌아서라고 책망한다. 엘리야는 기원전 845년경 그의 후계자로 엘리사를 임명한다. 엘리사는 하나님께서 엘리야에게 주신 능력의 두 배를 달라고 하나님께 요구하

통일 왕국

선지자들	왕들
사무엘	사울, 다윗
나단	다윗, 솔로몬

북 이스라엘 왕국

아히야	여로보암, 나답, 바아사, 엘라, 시므리, 오므리
엘리야, 미가야	아합, 아하시야
엘리야, 엘리사	요람
엘리사	예후, 여호아하스, 여호아스
아모스, 호세아	여로보암 II, 스가랴
호세아	살룸, 므나헴, 브가히야, 베가, 호세아Hoshea

남 유다 왕국

스마야	르호보암, 아비야, 아사, 여호사밧, 여호람, 아하시야, 아달랴(여왕)
요엘, 스가랴	요아스, 아마샤, 웃시야
이사야	웃시야
이사야, 미가	요담, 아하스, 히스기야
스바냐, 하박국, 예레미야	요시야
예레미야	여호아하스, 여호야김
예레미야, 에스겔	여호야긴, 시드기야

여 이를 받는다. 엘리사는 예후, 여호아하스, 그리고 여호아스의 통치 때 예언한다.

북 이스라엘의 여로보암 2세기원전 790년경 시작의 통치 때에, 하나님께서는 선지자 아모스와 호세아를 세우신다. 아모스는 남 유다의 농부와 목동으로서의 삶을 떠나 북 이스라엘에 만연한 부도덕과 불의에 맞선다. 호세아는 북 이스라엘의 마지막 일곱 왕의 통치 때 예언하였으며, 북 이스라엘이 앗수르에게 멸망할 때까지 신실하지 못한 이스라엘과 맞선다호; 왕하 17:1-17.

남 유다 왕국

하나님께서는 선지자를 세우셔서 다윗의 후손들에 의해 통치되는 남 유다에 메시지를 전하신다. 스마야는 첫 번째 선지자로서, 르호보암 왕에게 이스라엘과 남 유다가 나누어지는 것이 하나님의 뜻이라 조언한다. 스마야는 르호보암 왕에게 이스라엘과 싸우지 말아야 한다고 말한다기원전 930년경.

하나님께서는 기원전 760년경 선지자 요엘을 지명하여 요아스, 아마샤, 그리고 웃시야 왕의 통치 기간 동안 예언케 하신다. 요엘의 활동 시기는 확실히 밝혀지지 않았지만, 그가 하나님께 돌아선 유다의 백성들에게 하나님의 임박한 심판을 경고했을 확률은 높다.

선지자 이사야는 기원전 8세기에 웃시야, 요담, 아하스, 그리고 히스기야 왕의 통치 기간 동안 활동하였다. 미가 또한 이 기간 동안에 예언하였고, 유다의 요담 왕의 통치 기간 동안에 시작된 두 왕국의 우상숭배를 책망하였다.

이사야와 미가의 사역 말기에, 히스기야가 왕이 되었고 남 유다의 커다란 부흥을 이끈다. 이 시기에, 앗수르 제국은 북 이스라엘을 멸망시키고 유다의 예루살렘을 위협하나, 이사야는 하나님께서 침략자들을 물리치실 것이라고 예언한다왕하 19장. 하지만 히스기야 왕이 멀리서 온 바벨론 왕국의 사절단에게 성전 창고의 보물을 보여 주자, 이사야는 그를 책망한다. 이사야는 바벨론이 강성하여 유다를 멸망시키고 그들을 포로로 잡아갈 것이라고 예언한다왕하19:14-19.

기원전 638년에서 586년 사이에 스바냐, 하박국, 그리고 예레미야가 활동한다. 이 황금기에는 8살에 왕위에 올라 계속해서 진정으로 하나님을 따랐던 요시야 왕의 치세가 포함되어 있다.

예레미야는 여호아하스, 여호야김, 여호야긴, 그리고 시드기야 왕의 통치기간 동안에 활동한다. 바벨론이 유다를 멸망시킬 것이라는 이사야의 예언이 실현되자, 예레미야는 유다 백성들에게 하나님의 심판을 거부하지 말라고 경고한다. 예레미야는 바벨론에서의 70년에 걸친 긴 포로 세월을 예언한다렘 25-29장.

마지막으로, 하나님께서는 바벨론 유수 전, 남 유다의 마지막 두 왕의 때에 에스겔을 선지자로 세우신다. 그는 여호야긴과 시드기야 왕의 통치 때에 예언한다. 에스겔은 남 유다에서 사역을 시작하면서, 임박한 예루살렘의 멸망을 백성들에게 경고한다. 그는 예루살렘이 멸망하고 백성들과 함께 바벨론으로 유배된 후에도 계속해서 예언한다.

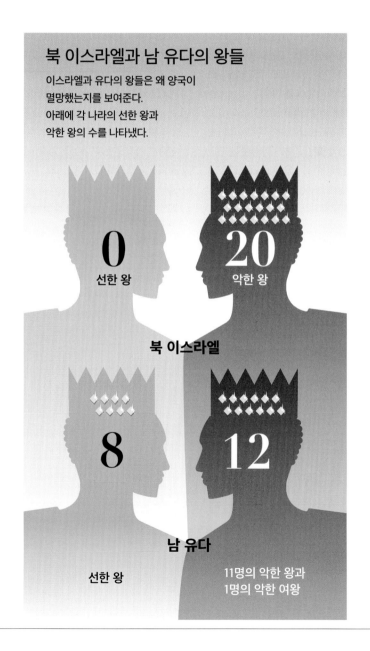

북 이스라엘과 남 유다의 왕들

이스라엘과 유다의 왕들은 왜 양국이
멸망했는지를 보여준다.
아래에 각 나라의 선한 왕과
악한 왕의 수를 나타냈다.

0
선한 왕

20
악한 왕

북 이스라엘

8

12

남 유다

선한 왕

11명의 악한 왕과
1명의 악한 여왕

성경의 사건과 이야기

북 이스라엘 왕국

솔로몬 왕이 죽고 르호보암이 즉위하자마자 반란이 일어난다. 그는 교만하여 장로들의 지혜로운 조언을 거부하고, 가혹하게 다스리라는 젊은 신하들의 충고를 따랐다.

열 지파가 반역에 가담하여 여로보암을 북 이스라엘의 왕으로 세운다왕상12:1-20. 여로보암의 통치 아래, 북 이스라엘은 급속히 타락한다. 그는 이스라엘 백성들이 하나님께 희생 제사를 드리기 위해 예루살렘으로 돌아간다면 그들이 그대로 남 유다에 머물 것이라고 생각하고 우상 신전을 세운다. 하나님께서는 바아사를 통하여 여로보암을 심판하신다. 바아사는 여로보암의 혈통을 끊어버리고 왕이 된다. 그는 이스라엘을 하나님으로부터 더 멀어지게 한다왕상15:33-34.

이스라엘의 역사 동안 하나님께서는 계속해서 이스라엘의 악한 왕들을 심판하신다. 예후 왕도 다른 왕들과 같이 하나님의 명령을 따르지 않는다. 그가 비록 왕국에서 바알 숭배를 몰아내기는 하지만왕하 10:18-30, 다른 우상숭배는 계속해서 허용한다. 예후의 통치 때에, 하나님께서는 북 이스라엘의 적들이 나라의 일부를 정복하도록 하신다. 이스라엘은 하나님을 의지하는 대신 주변국의 도움을 청한다.

결국 므나헴 왕은 전쟁을 도와준 대가로 앗수르에게 조공을 바친다. 십 년 간의 동맹 기간 동안, 앗수르는 이스라엘을 정복하기 시작한다. 이때 그들은 하나님의 백성들을 강제로 이주시키고왕하15:29, 결국 북 왕국 전부를 정복한다왕하17:3-23. 2세기 남짓한 짧은 시간 동안만 지속되었던 북 이스라엘 왕국은 영원히 멸망한다.

북 왕국의 멸망

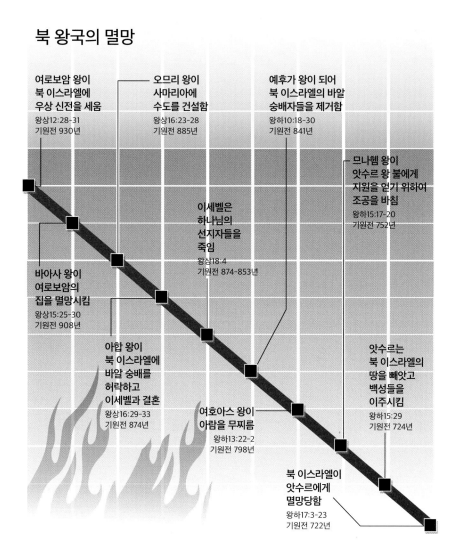

여로보암 왕이
북 이스라엘에
우상 신전을 세움

왕상12:28-31
기원전 930년

오므리 왕이
사마리아에
수도를 건설함

왕상16:23-28
기원전 885년

예후가 왕이 되어
북 이스라엘의 바알
숭배자들을 제거함

왕하10:18-30
기원전 841년

므나헴 왕이
앗수르 왕 불에게
지원을 얻기 위하여
조공을 바침

왕하15:17-20
기원전 752년

이세벨은
하나님의
선지자들을
죽임

왕상18:4
기원전 874-853년

바아사 왕이
여로보암의
집을 멸망시킴

왕상15:25-30
기원전 908년

아합 왕이
북 이스라엘에
바알 숭배를
허락하고
이세벨과 결혼

왕상16:29-33
기원전 874년

앗수르는
북 이스라엘의
땅을 빼앗고
백성들을
이주시킴

왕하15:29
기원전 724년

여호아스 왕이
아람을 무찌름

왕하13:22-2
기원전 798년

북 이스라엘이
앗수르에게
멸망당함

왕하17:3-23
기원전 722년

성경의 사건과 이야기

남 유다 왕국

르호보암이 이스라엘의 왕위에 오르자, 즉시 반란이 일어난다. 열 지파는 이스라엘에서 떨어져 나와 북 이스라엘 왕국을 형성하고, 두 지파는 유다 왕국을 형성하고 다윗의 후손의 통치 아래에 남는다.

북 왕국은 대를 이을수록 점점 더 악한 왕이 다스리지만, 남 왕국은 선한 왕과 악한 왕이 반복해서 등장한다. 성경은 유다를 다스린 스무 명의 왕 중에 여덟 왕을 선하다고 기록하고 있다. 남 왕국은 선한 왕의 통치 때는 부흥하지만, 하나님께서 보시기에 악한 왕이 통치할 때는 다시 쇠퇴한다.

남 왕국의 첫 번째 부흥은 르호보암의 손자인 아사 왕의 시대에 일어난다. "아사가 그의 조상 다윗 같이 여호와 보시기에 정직하게 행하여"왕상15:11, 그는 조상들이 만든 우상을 제거한다. 아사 왕은 심지어 그의 조모가 "가증한 아세라 상"을 만들자 태후의 위를 폐한다왕상15:13.

아사 왕을 이은 여호사밧 왕은 자신의 아버지의 길을 따라간다. 하지만, 그는 북 이스라엘의 악한 왕인 아합과 군사 동맹을 맺는 돌이킬 수 없는 실수를 저지른다. 이 때문에 여호사밧의 아들인 여호람 왕은 아합의 딸과 결혼하고, 이를 계기로 우상숭배가 시작된다왕하8:18; 대하21:12-13. 남 왕국의 다음 두 왕은 여로보암의 악한 길을 따라간다. 유다 왕국은 요아스가 왕이 되었을 때, 가장 긴 부흥기를 경험한다. 요아스 왕은 성전을 재건축

남 왕국의 멸망

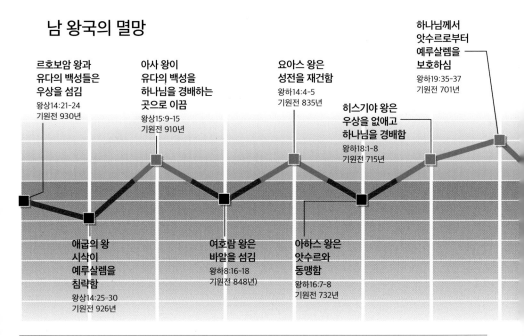

르호보암 왕과 유다의 백성들은 우상을 섬김
왕상14:21-24
기원전 930년

아사 왕이 유다의 백성을 하나님을 경배하는 곳으로 이끔
왕상15:9-15
기원전 910년

요아스 왕은 성전을 재건함
왕하14:4-5
기원전 835년

하나님께서 앗수르로부터 예루살렘을 보호하심
왕하19:35-37
기원전 701년

히스기야 왕은 우상을 없애고 하나님을 경배함
왕하18:1-8
기원전 715년

애굽의 왕 시삭이 예루살렘을 침략함
왕상14:25-30
기원전 926년

여호람 왕은 바알을 섬김
왕하8:16-18
기원전 848년)

아하스 왕은 앗수르와 동맹함
왕하16:7-8
기원전 732년

하고왕하12:4-5, 이후 137년 동안 네 명의 왕들이 계속해서 하나님을 따른다. 또다른 눈에 띄는 부흥은 히스기야 왕의 때인데, 그에 대한 성경의 기록은 다음과 같다. "히스기야가 이스라엘 하나님 여호와를 의지하였는데 그의 전후 유다 여러 왕 중에 그러한 자가 없었으니"왕하18:5.

하지만, 히스기야 왕의 통치 기간 중 앗수르가 두 번이나 침략한다. 첫 번째 침략에서, 앗수르 왕은 히스기야로부터 금과 은을 빼앗아 간다왕하18:14-16. 두 번째 침략 때, 그들은 유다의 백성들을 구원할 수 있는 하나님의 능력에 정면으로 도전한다. 대규모의 적군을 직면한 히스기야는 하나님을 찾는다. 선지자 이사야는 그에게 하나님께서 유다를 보호하실 것이라고 단언한다. 하나님께서는 천사를 보내시어 185,000명의 앗수르 군인을 죽이시고 그 군대를 혼란에 빠지게 한다왕하18-19.

불행하게도, 히스기야는 바벨론에서 온 사절단에게 유다의 부를 과시한다는 잘못된 결정을 내린다. 당시 바벨론은 약소국이었으나, 이사야는 유다가 결국 그들에 의해 멸망당해 포로로 끌려가리라고 예언한다왕하20:12-19.

멸망 전, 남 유다 왕국은 히스기야의 손자인 요시야의 때에 또 한 번의 부흥을 경험한다. 요시야는 여덟 살에 왕이 된다. 처음으로 하나님의 법을 들었을 때도 그는 아직 어린 청년이었다. 요시야는 회개하고 유다의 우상들을 제거한다왕하23:1-20. 요시야가 전쟁에서 죽은 후에 유다는 쇠퇴한다. 애굽이 유다를 침략하여 꼭두각시 왕을 세운다. 이후, 느부갓네살 2세 하의 바벨론이 애굽에게 승리한다. 유다는 삼 년 동안 바벨론 제국의 속국이 된다. 이 기간 동안, 바벨론은 유다의 가장 전도유망한 자들을 끌고 가서 바벨론 왕을 섬기게 한다왕하 24장.

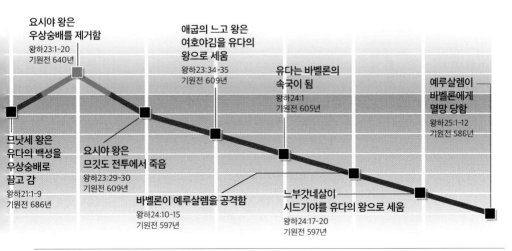

요시야 왕은
우상숭배를 제거함
왕하23:1-20
기원전 640년

애굽의 느고 왕은
여호야김을 유다의
왕으로 세움
왕하23:34-35
기원전 609년

유다는 바벨론의
속국이 됨
왕하24:1
기원전 605년

예루살렘이
바벨론에게
멸망 당함
왕하25:1-12
기원전 586년

므낫세 왕은
유다의 백성을
우상숭배로
끌고 감
왕하21:1-9
기원전 686년

요시야 왕은
므깃도 전투에서 죽음
왕하23:29-30
기원전 609년

바벨론이 예루살렘을 공격함
왕하24:10-15
기원전 597년

느부갓네살이
시드기야를 유다의 왕으로 세움
왕하24:17-20
기원전 597년

성경의 사건과 이야기

포로의 삶

바벨론 지역이 거의 300년간 그들을 다스리던 앗수르 제국을 타도한다. 새로운 바벨론 제국이 앗수르를 정복할 때, 이들은 북 이스라엘 왕국의 지배권을 얻는다. 7년 후에 바벨론은 남 유다 왕국을 침략한다.

바벨론의 침략은 유다 왕국을 속국으로 만들었고, 강제적으로 조공을 바치게 하였다 왕하24:1. 이 기간 동안, 바벨론은 많은 유다 귀족들을 포로로 끌고 간다 왕하23:29-25:21. 후에 선지자가 된 청년 다니엘도 1차 포로 이주 때 바벨론으로 끌려 간다.

3년 동안, 남 유다 왕국은 바벨론의 지배에 복종한다. 하나님의 백성들이 70년 동안 바벨론의 포로로 있을 것이라는 예레미야 선지자의 경고에도 불구하고, 유다의 여호야김 왕은 애굽과 다른 속국들과 동맹을 맺는다. 이들은 함께 바벨론에게 대항한다 왕하24:1-7; 렘 44:11-14.

느부갓네살 왕은 예루살렘을 포위하고 반란을 진압한다. 바벨론은 성전의 보물들을 약탈하고, 이사야의 예언은 성취된다 왕하20:14-19.

유다를 진압한 후에, 바벨론은 더 많은 하나님의 백성들을 이주시킨다. 두 번째로 끌려가는 포로들 속에는 여호야긴 왕과 그의 가족들도 포함되었다 왕하24:15. 포로 기간 동안 하나님의 말씀을 전하는 가장 중요한 선지자가 되는 에스겔 제사장도 포함되었다 겔1:1-3. 또한 예루살렘의 장인들과 군사 지도자들도 포함되어 있었다. 유다에는 오직 가장 낮은 자들만이 남겨진다 왕하24:14.

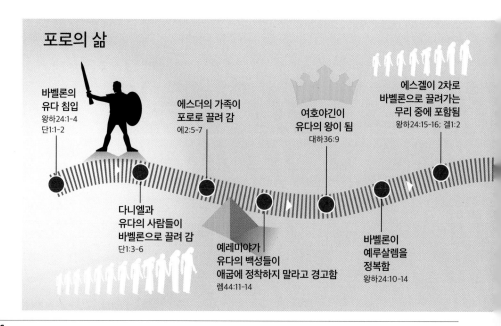

포로의 삶

바벨론의 유다 침입
왕하24:1-4
단1:1-2

다니엘과 유다의 사람들이 바벨론으로 끌려 감
단1:3-6

에스더의 가족이 포로로 끌려 감
에2:5-7

예레미야가 유다의 백성들이 애굽에 정착하지 말라고 경고함
렘44:11-14

여호야긴이 유다의 왕이 됨
대하36:9

바벨론이 예루살렘을 정복함
왕하24:10-14

에스겔이 2차로 바벨론으로 끌려가는 무리 중에 포함됨
왕하24:15-16; 겔1:2

느부갓네살은 여호야긴의 삼촌인 시드기야를 유다의 왕으로 세운다왕하24:17.

구 년이 지나서 시드기야 왕은 반역을 꾀한다. 이에 따라 느부갓네살은 예루살렘을 이 년 동안 포위한다. 성안은 기아와 결핍으로 가득 찼다. 결국, 바벨론은 예루살렘 성에 진입한다. 이들은 성벽을 부수고, 성전, 궁전, 그리고 성내의 많은 지역들을 불태운다. 그들은 소수의 농부들만을 제외하고 예루살렘의 거주민 대부분을 이주시킨다왕하25:1-21; 렘 52:12-14.

66년의 포로 생활이 지나고, 고레스 2세 하의 바사 제국은 바벨론을 정복하고 포로들과 속국인 유다를 취한다. 통치 초기에 고레스는 유대인들과 다른 포로된 백성들이 자신의 고국으로 돌아갈 수 있도록 허락하는 칙령을 반포한다스1:1-4. 일부가 유다로 돌아간 반면, 많은 사람들은 바벨론에 남는다. 이 기간 동안에도 유대 백성들은 때때로 탄압받는다. 한번은, 젊은 유대 여인 에스더는 고레스 2세의 계승자인 아하수에로 왕에게 선택받아 바사 제국의 여왕이 된다. 그녀는 자신의 지위와 힘을 이용하여 유대 백성들을 말살로부터 구해낸다.

포로에서 예루살렘으로 돌아온 하나님의 백성들은 적대적인 속국들의 많은 반대와 방해에도 불구하고 결국 성곽과 성전을 재건축한다성경의 에스라서와 느헤미야서에 기록됨. 다른 이스라엘 백성들은 바벨론이나 바사 제국의 다른 지역에 남는 것을 택한다.

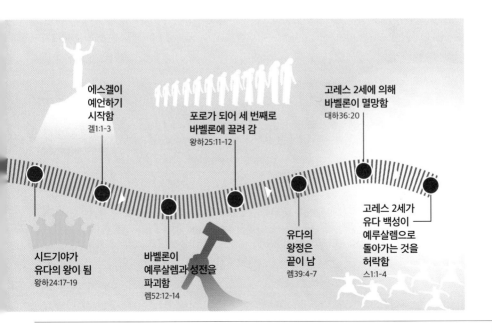

에스겔이 예언하기 시작함
겔1:1-3

포로가 되어 세 번째로 바벨론에 끌려 감
왕하25:11-12

고레스 2세에 의해 바벨론이 멸망함
대하36:20

시드기야가 유다의 왕이 됨
왕하24:17-19

바벨론이 예루살렘과 성전을 파괴함
렘52:12-14

유다의 왕정은 끝이 남
렘39:4-7

고레스 2세가 유다 백성이 예루살렘으로 돌아가는 것을 허락함
스1:1-4

성 경 의 사 건 과 이 야 기

귀환과 재건축

하나님께서 바사의 고레스 왕의 마음을 움직이셔서 유대인들의 바벨론 포로세월을 끝나게 하신다. 즉위 첫 해, 고레스는 유대인들이 유다의 땅으로 돌아가 예루살렘에 성을 재건축하는 것을 허락하는 칙령을 반포한다. 70년 간의 포로기간이 지나면 돌아올 것이라는 예레미야의 예언은 이 칙령으로 이루어진다. 고레스 왕은 바벨론이 탈취했던 5,400개의 금은 성전 기구를 되돌려 준다 대하36:22-23; 스 1장을 참조.

고레스의 칙령으로 바사 제국 내의 모든 유대인들이 유다로 돌아갈 수 있게 된다. 그에 더해 그는 하나님의 백성들이 살던 땅의 다른 백성들이 돌아가는 유대인들에게 금, 은, 짐승, 그리고 그 밖의 물건으로 도와줄 것을 명령한다 스1:2-4. 1차 귀환 때 제사장, 악사, 성전지기, 종, 솔로몬 왕의 자손들을 포함하여 약 50,000명이 귀환한다 스 2:64-65.

돌아온 하나님의 백성들은 원래의 성전 터에 성전을 재건축하기 위해 하나님께 제사를 드린다. 약 칠 개월 후에, 돌아온 백성들은 원래 제단이 놓였던 곳에 다시 제단을 세운다 스3:2-6. 성전의 기초를 놓자, 모든 백성들은 하나님을 찬양하는 노래를 부른다 스3:7-13. 첫 성전을 보았던 노인들은 눈물을 흘리고, 기뻐 소리치며 예루살렘과 하나님의 성전의 재건을 찬양한다 스3:12-13.

이러한 일들이 이루어지자, 유다의 적들은 자신들도 성전의 재건축을 돕겠다고 제안한다. 그들은 자신들도 여호와 하나님을 경배한다고 주장한다. 하지만, 유다의 백성들은 이들의 도움을 거절하였고, 적들은 바사의 관리들에게 뇌물을 주어 성전의 건축을 방해한다. 결국 성전의 재건축은 50년 이상 중단된다 스4:1-5.

성전의 건축은 고레스의 증손자인 다리오 왕의 통치 때에 다시 시작된다. 다리오는 성전을 재건축하라는 고레스의 조서가 들어 있는 두루마기를 발견하고, 성전의 재건축을 막는 자는 처형한다는 칙령을 반포한다 스6:6-12.

성전은 다시 재건되고 드디어 완성된다 스6:14-15.

다리오 왕이 죽은 후, 크세르크세스라고 불리는 아들 아하수에로가 왕위를 계승한다. 아하수에로 왕은 바빌론에 남아서 살고 있던 유대인 에스더를 여왕으로 선택한다. 에스더는 아하수에로 왕의 재위 때 유대인에게 우호적인 조치들이 취해지도록 중요한 역할을 했다. 에스더의 의붓아들이 바사의 왕일 때, 2차 귀환자들이 유대의 율법학자이자 제

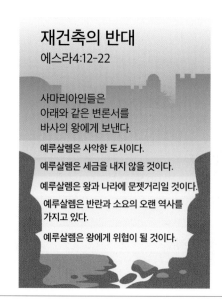

재건축의 반대
에스라4:12-22

사마리아인들은 아래와 같은 변론서를 바사의 왕에게 보낸다.

예루살렘은 사악한 도시이다.

예루살렘은 세금을 내지 않을 것이다.

예루살렘은 왕과 나라에 문젯거리일 것이다.

예루살렘은 반란과 소요의 오랜 역사를 가지고 있다.

예루살렘은 왕에게 위협이 될 것이다.

사장인 에스라의 주도 하에 유다로 돌아간다. 에스라는 유다 백성들의 마음에 하나님의 율법의 중요성을 다시 각인시킨다. 그는 이방 여인들과 결혼하여 하나님의 법을 어긴 남편들에게 이방 여인들과 헤어지라고 명령한다스10:10-12.

에스라가 2차 귀환자를 데리고 유다에 온 후 약 10년이 지나, 느헤미야는 바벨론에서의 명예와 지위를 버리고 3차 귀환자를 이끌고 예루살렘으로 돌아온다. 느헤미야는 성곽이 재건되지 않아 예루살렘이 쉬운 공격 대상이 되는 것을 걱정했다. 그는 주위의 적대적 속국들의 방해에도 불구하고, 하나님의 백성을 지도하여 예루살렘 성곽을 재건한다느6:15-16. 성곽이 완성되자, 구 할의 백성들은 제국 내의 다른 지역에서 거주하는 반면, 일 할 가량의 백성들은 예루살렘 성안에 정착한다느11:1-2.

하나님의 백성들의 성공적인 재건설과 정착이 이루어진 것이다.

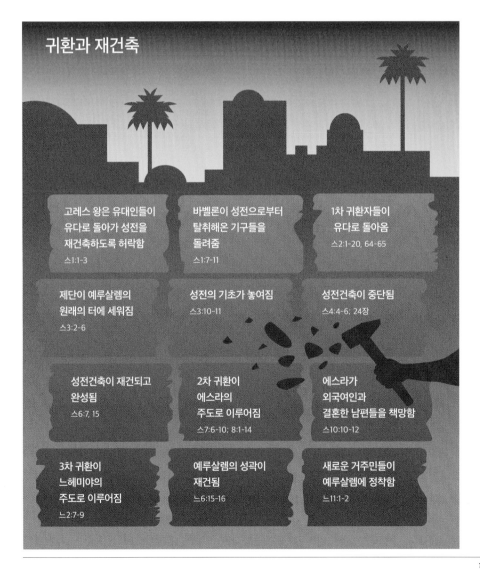

귀환과 재건축

고레스 왕은 유대인들이 유다로 돌아가 성전을 재건축하도록 허락함 스1:1-3	바벨론이 성전으로부터 탈취해온 기구들을 돌려줌 스1:7-11	1차 귀환자들이 유다로 돌아옴 스2:1-20, 64-65
제단이 예루살렘의 원래의 터에 세워짐 스3:2-6	성전의 기초가 놓여짐 스3:10-11	성전건축이 중단됨 스4:4-6; 24장
성전건축이 재건되고 완성됨 스6:7, 15	2차 귀환이 에스라의 주도로 이루어짐 스7:6-10; 8:1-14	에스라가 외국여인과 결혼한 남편들을 책망함 스10:10-12
3차 귀환이 느헤미야의 주도로 이루어짐 느2:7-9	예루살렘의 성곽이 재건됨 느6:15-16	새로운 거주민들이 예루살렘에 정착함 느11:1-2

성경의 사건과 이야기

에스더 이야기

에 스더서에는 하나님의 이름이 한 번도 언급되지 않지만, 하나님의 당신의 백성을 향한 섭리가 분명하게 드러나고 있다. 에스더의 이야기는 왕비의 관을 쓰고 사람들 앞에 나와 그녀의 아름다움을 보이라는 아하수에로 왕의 요청을 와스디 왕비가 거절하는 사건으로 시작된다에1:9-12. 왕이 공개 석상에서 아내에게 모욕당한 데 진노하자, 신하들은 왕비의 행동이 전국의 모든 여인들에게 불순종의 선례가 되기 때문에 왕비를 내쫓아야 한다고 청원한다에1:19-22.

아하수에로 왕은 왕이 한 번 내린 명령을 변경될 수 없다는 메대와 바사의 법에 따라 와스디를 내쫓는다. 이후, 신하들은 와스디를 대신할 왕비를 뽑기 위한 대회를 제안한다. 삼촌과 함께 살고 있던 젊은 유대 여인, 에스더가 이 대회에서 선발된다. 그녀는 하렘에 들어가서 왕과 하룻밤을 보내기를 고대하며 일 년 내내 몸을 가꾼다. 왕과 하룻밤을 보내기 위하여 선택된 다른 여인들같이, 에스더는 아하수에로가 함께 하자고 요구하지 않는 이상 남은 인생을 하렘에서 후궁들과 보내게 된다.

삼촌의 제안에 따라, 에스더는 자신이 유대인이라는 사실을 드러내지 않으려고 조심한다. 이는 바사 제국의 많은 사람들이 유대인들은 오직 진실하신 하나님에게만 절하고 경배한다는 이유로 싫어하기 때문이었다.

준비기간이 끝나고, 에스더는 왕과 하룻밤을 보낸다. 그는 그녀에게 만족하고, 그녀를 와스디를 대신하는 왕비로 지명한다.

에스더가 왕비가 되고 시간이 흐른 후, 바사의 고위 관리인 하만은 모르드개가 자신에게 절을 하지 않는다는 이유로 화낸다. 하만은 왕을 설득해 모든 유대인을 죽여 보복하기로 결심한다. 그는 왕에게 유대인들을 죽이라는 칙령을 반포하게 하기 위해 은 칠십이만 파운드약 340톤를 바친다. 왕은 이에 동의하고 칙령을 반포한다에 3장.

모르드개는 유대인 말살 계획을 듣고 에스더에게 편지를 보낸다. 그는 유대인을 죽이려는 음모를 알리며 그녀가 비록 왕비라 할지라도 영향을 끼칠 것이라고 경고한다. 그는 그녀에게 다음과 같이 충고한다. "이때에 네가 만일 잠잠하여 말이 없으면 유다인은 다른 데로 말미암아 놓임과 구원을 얻으려니와 너와 네 아버지 집은 멸망하리라 네가 왕후의 자리를 얻은 것이 이때를 위함이 아닌지 누가 알겠느냐"에4:14. 에스더는 모르드개의 요청을 받아들이고, 유대인들이 자신을 위해 기도하고 금식할 것을 부탁한다.

왕이 청하지 않았음에도 그 앞에 나서는 것은 죽을 수도 있는 일이었지만, 에스더는 기도와 금식 후에 백성을 위하여 담대히 생명을 걸고 보좌 앞으로 다가간다. 왕은 그녀가 온 것을 기뻐하여 그녀를 용서하고, 어떤 소원이든지 들어주리라 약속한다. 그녀는 그녀가 준비한 연회에 왕이 하만과 함께 참석해달라고 요청한다에5:1-5.

연회에서 왕은 에스더가 원하는 무엇이든지 이루어줄 것을 재차 약속한다. 에스더는 왕에게 하만을 다시 불러 다음날 밤 자신이 주최하는 또 다른 연회에 참석하도록 요청한다에 5:6-8. 하만은 총애받는다는 감각에 푹 빠졌지만, 여전히 모르드개가 자신에게 절하지 않아서 불쾌해한다에 5:9-14.

그날 밤 왕은 잠을 이루지 못한다. 그는 과거의 기록을 읽다가 모르드개가 수년 전에 자신에 대한 암살시도에서 자신을 구하여 주었음에도, 이에 대하여 아무런 보상을 하지 않았다는 사실을 알게 된다. 아하수에로는 하만에게 사람을 영예롭게 하는 방법을 묻는다. 그 대상이 자신이라고 생각한 하만은 예복을 입히고 말을 태워 거리를 행진하도록 제안한다. 하만은 이 계획이 바로 모르드개를 위해 실행된다는 데 굴욕을 느낀다에 6장. 그날 밤 잔치에서, 왕은 에스더가 요구하는 것은 무엇이든지 줄 것임을 또다시 약속한다. 그러자 에스더는 자신이 유대인이고 하만이 그녀와 자신의 백성들을 모함하여 죽이려고 한다는 사실

을 밝힌다. 왕은 분노하고 하만이 모르드개를 매달려고 준비한 나무에 그를 목매단다. 왕은 유대인을 처형하라고 자신이 서명한 칙령을 공식적으로 폐할 수 없었지만, 유대인들이 강력한 무력으로 스스로를 보호할 수 있게 하는 새로운 칙령을 반포한다에8:11.

왕은 모르드개를 왕 바로 아래의 직책에 임명하고, 모르드개는 그의 백성들의 권익을 보호한다에 10장. 이 사건들로 바사 제국 내의 많은 다른 민족들이 유대교로 개종하였고에8:17, 이 구원을 기뻐하여 부림절을 정하여 기념한다에 9장.

에스더서에서의 숫자

0 이 책에서 **하나님**을 언급한 빈도 수는 단 한차례도 없다

하만이 유대인을 죽이기 위해 아하수에로 왕에게 바친 은의 파운드 수
750,000
약 340톤

유대인을 없애려고 하만이 음모를 꾸미기까지 에스더가 왕비로 있었던 연수 XXXXXXXX 8

이 책의 내용이 전개된 연수 XXXXXXXXXX 10

예루살렘으로부터 수산까지의 마일 수
800 약 1,290km
지중해 ●예루살렘 ●수산 유프라테스 강 티그리스 강

2 에스더가 아하수에로 왕을 위해 연회를 베푼 날수

75 모르드개를 매달기 위해 하만이 만든 나무의 피트 수
약 23m

메시아를 예표하는 것

예수님이 우리를 죄에서 구원하시기 위해 세상에 오시기 오래 전부터, 하나님의 백성들은 자신들을 로마의 압제로부터 자유케 할 구원자를 고대하였다. 하지만 예수의 오심은 이들의 기대를 채워주지는 않았다. 메시아 예언들은 온 인류를 구원하는 하나님의 위대한 계획을 나타내고 있다.

예수님의 탄생으로부터 칠 세기 전, 이사야는 선택받은 처녀로부터 구세주가 날 것을 백성들에게 말한다사7:14, 마1:20-23에서 성취됨. 이사야 당시의 선지자 미가도 유대의 작고 변변찮은 마을 베들레헴에서의 예수님의 탄생을 예언한다미5:2, 마2:1-6에서 성취됨.

선지자 이사야와 말라기는 메시아의 길을 준비하는 사자의 등장을 예언한다사40:3; 말3:1. 이는 세례 요한이 예수님이 하나님께서 보내신 구원자임을 처음으로 사람들에게 알리면서 성취된다요1:29-34. 예수님께서는 세례 요한이 이 예언을 성취하였음을 직접 말씀하신다마 11:7-10.

이사야 61장은 하나님 나라의 복음을 전파하는 메시아에 대해 예언하고 있다. 예수님께서는 이 말씀을 회당에서 큰 소리로 낭독하시고, 이 예언이 지금 성취되었다고 말씀하심으로써 고향 사람들을 놀라게 하셨다눅4:16-21, 43-44. 메시아가 그의 백성을 구하러 오신다는 구약의 예언에 따라 예수님께서는 이 땅에서 여러 사역을 행하신다겔34:12, 16장, 눅19:10에서 성취됨. 예수님의 치유 사역은 하나님께서 그의 백성을 구하신다는 이사야의 말과 짝을 이룬다사35:5-6, 마11:4-6에서 성취 됨. 시편을 지은 이들은 하나님의 종이 비유를 통해 사람들을 가르칠 것을 알렸다시78:1-2, 마13:34-35; 눅14-16장; 그리고 다른 곳에서 성취됨.

예수님의 삶과 가르침, 기적, 사역, 그리고 죽음까지도 성경에 상세하게 예언되어 있다. 성전이 재건될 것이라고 예언한 스가랴는 하나님의 종이 백성들에 의해 배척받음도 예언한다슥11:13. 가룟 유다가 무리를 끌고 배신의 표시로 예수님께 입을 맞출 때 이 예언이 성취된다눅22:47-48. 스가랴는 주님의 원수들이 배신자에게 지불한 구체적인 금액과 배신자가 결국 사용한 돈의 용도에 대해서도 예언한다슥11:12-13, 마26:14-16; 27:3-10절에서 성취됨.

성경의 많은 직접적인 예언과 더불어 구약의 많은 이야기들은 그리스도의 생애와 사역을 암시한다.

예수님께서는 죽음에서 부활하신 후에 아직 슬퍼하는 제자들에게 당신의 죽음이 필요한 이유와 당신의 죽음과 부활이 성경을 어떻게 성취했는지를 보여주신다눅24:25-27; 롬6:4-5; 고전15:3-5. 바울은 에베소서에서, 메시아가 "높은 곳으로 오르실 것"이라는 시편 68:18의 약속을 예수님이 성취하셨다고 기록한다엡4:8-10. 예수님이 승천하신 후에, 천사는 놀란 제자들에게 예수님께서는 제자들이 보았던 승천과 같이 돌아오신다고 말한다. 그때 이후로, 신자들은 예수님의 재림에 대한 예언의 성취를 기다린다.

메시아에 대한 소망

예수님의 탄생

전하는 자가 먼저 옴
사40:3; 말3:1; 마11:10;
막1:1-3절로 성취됨

처녀에게서 남
사7:14; 마1:20-23절로 성취됨

베들레헴에서 태어남
미5:2; 마2:1-2절로 성취됨

하나님의 장자로서 제시됨
출13:12-13;
눅2:6-7, 22-23절로 성취됨

그리스도에 대하여 예언하고 있는 구약의 책

23

예수님께서는 메시아 예언 모두를
100% 정확하게 이루심

100%
accuracy

예수의 가르침

하나님 나라의 복음을 전파함
사61:1-3;
눅4:16-21, 43-44절로 성취됨

비유의 사용
시78:1-2; 마13:34-35절로 성취됨

예수님의 사역

사람들을 구원하시 위해서 오심
겔34:12,16; 눅19:10절로 성취됨

**예수님께서는 당신이 하나님이심을
보이시기 위해 기적을 행하심**
사35:5-6; 마11:4-6절로 성취됨

예수님이 죽으시기 바로 전의 시간

손과 발에 못 박히심
슥12:10; 19:34; 20:27절로 성취됨

뼈가 상하지 않음
민9:12; 시34:20;
요19:33,36절로 성취됨

친구에게 배신당함
시41:9; 요13:18,21-30절로 성취됨

시편
22:1–18
예수님의 십자가를 예표함

예수님이 십자가에 달리셨을 때
22장1절을 인용하심
마27:46; 막15:34

40 Days

예수님이
광야에서 금식

예수님이 부활 후,
승천하시기
전까지의 시간

예수님의 부활

죽으시고 다시 사심
욥19:23-27; 호6:2; 눅24:46; 롬6:4-5,9;
고전15:3-5; 빌3:10; 벧전1:3절로 성취됨

승천하심
시편 47:5; 68:18 ; 엡4 : 8-10절로 성취됨

성경의 사건과 이야기

그리스도의 탄생과 세례

예수님이 태어나시기 전, 하나님께서는 가브리엘 천사를 나이 많은 제사장 사가랴에게 보내신다. 천사는 그의 아내 엘리사벳이 "주를 위하여 세운 백성을 준비시킬 한 아이"눅1:17를 낳을 것이라고 말한다. 이 아이가 세례 요한이다. 그 후, 하나님께서는 가브리엘을 요셉이란 목수와 약혼한 엘리사벳의 사촌 처녀 마리아에게로 보내신다. 가브리엘은 그녀가 성령으로 임신할 "지극히 높으신 이의 아들"눅1:32, 35장인 한 아이에 대해 알린다. 요셉은 마리아의 임신을 알고, 조용히 파혼하려고 한다. 한 천사가 꿈속에 나타나 그의 마음을 바꾸게 한다. 천사는 이사야의 예언을 인용한다.

"처녀가 잉태하여 아들을 낳을 것이요 그의 이름은 임마누엘이라 하리라 이를 번역한즉 하나님께서 우리와 함께 계시다 함이라"마1:18-24, 사7:14절을 인용.

마리아가 만삭에 접어들자, 그녀와 요셉은 로마의 인구조사에 참여하기 위해 베들레헴으로 가야만 했다. 그들은 베들레헴에 도착했으나 여관에 더이상 여행자들이 묵을 방이 없었다. 마리아는 마구간에서 예수님을 낳는다. 천사가 그 지역의 목자들에게 나타나 다음과 같이 말한다. "내가 온 백성에게 미칠 큰 기쁨의 좋은 소식을 너희에게 전하노라. 오늘 다윗의 동네에 너희를 위하여 구주가 나셨으니 곧 그리스도 주시니라"눅2:10-11.

삼십 세가 되어 예수님께서는 그의 사촌 세례 요한에게 세례를 받으며 백성들에 대한 사역을 시작하신다마3:15-17. 요한은 선지자 엘리야같은 옷을 입었던 특이한 전도자이다왕하1:8; 막1:6. 그는 가난한 자들의 주식인 메뚜기와 석청야생벌꿀을 먹었다마3:4. 세례 요한의 세례는 아마도 모세오경에서 권장하는 공개적인 정결예식이었을 것이다출19:10-11; 레6:28; 11:28, 40장; 13장. 요한은 예수님이 누구신지 알았기 때문에요1:29, 예수님이 세례받기를 청하자 거절한다마3:14. 예수님께서는 그를 설득하여 세례를 받고 사역을 시작하시며, 하나님께서 이를 인정하신다는 증거로 하늘로부터 한 음성이 들린다. "이는 내 사랑하는 아들이요 내 기뻐하는 자라"마3:17.

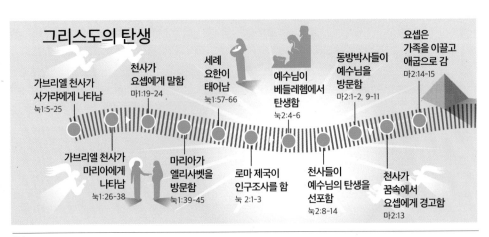

그리스도의 탄생

가브리엘 천사가 사가랴에게 나타남
눅1:5-25

가브리엘 천사가 마리아에게 나타남
눅1:26-38

천사가 요셉에게 말함
마1:19-24

마리아가 엘리사벳을 방문함
눅1:39-45

세례 요한이 태어남
눅1:57-66

로마 제국이 인구조사를 함
눅 2:1-3

예수님이 베들레헴에서 탄생함
눅2:4-6

천사들이 예수님의 탄생을 선포함
눅2:8-14

동방박사들이 예수님을 방문함
마2:1-2, 9-11

천사가 꿈속에서 요셉에게 경고함
마2:13

요셉은 가족을 이끌고 애굽으로 감
마2:14-15

세례 요한

가계도

요셉

마리아

아버지
사가랴
의로운 제사장
눅1:5-6

어머니
엘리사벳
예수님의 어머니
마리아의 친척
눅1:36

6
예수님보다
육 개월
먼저 태어남
눅1:5-6

30
서른 살이
되어 사역을
시작함

기적으로 태어남
-하나님의 천사는 비록 엘리사벳과
사가랴가 늙어 아이를 가질 수 없다
할지라도 아이를 낳을 것이라고
사가랴에게 말함
눅1:5-25

가난하여 석청과
메뚜기를 먹음 마3:4

엘리야
선지자와
유사한
복장을 함
왕하1:8; 막1:6

요단 강에서
회개한 사람들에게
세례를 줌
요1:28

요단 강에서
예수님께 세례를 줌;
비둘기 같은 성령이
예수님께 내려오는
것을 목격함
마3:15-17

헤롯과
헤로디아의 결혼이
잘못된 것이라고 말한
이유로 옥에 갇힘
눅3:19-20

헤로디아의 딸인
살로메가 헤롯에게
요한의 목을 달라하여 처형됨
막6:14-19

성경의 사건과 이야기

예수님의 가르침

복음서는 하나님 나라에 대한 예수님의 가르침을 기록한다. 예수님이 말씀하시는 하나님의 나라에는 하나님의 약속을 믿지 않는 행위로는 들어갈 수가 없다. 예수님께서 다음과 같이 말씀하신다. "내가 너희에게 이르노니 너희 의가 서기관과 바리새인보다 더 낫지 못하면 결코 천국에 들어가지 못하리라" 마5:20. 우리가 행함이 아닌 믿음에 의지할 때, 더 순수한 하나님을 향한 헌신을 행할 수 있고, 그때에 비로소 우리는 바리새인들의 의를 넘어설 수 있는 것이다.

3년의 공생애 동안, 예수님께서는 하나님의 나라를 전파하시며, 직접 보여주신다. 그의 가르침은 언제나 행동으로 나타났다. 그는 자비를 선포할 뿐만 아니라, 지극히 작은 자에게도 자비를 베푸시고 그와 같이 행하는 자들을 친구라고 부르신다 마25:40. 예수님께서는 계속해서 사회적 장벽을 넘어 당시의 유대인들이 멸시하던 사마리아인까지도 포함한 모든 사람들을 사랑하신다.

예수님의 가르치시는 방법은 당시의 대중적 도덕 철학이나 후대의 랍비식 가르침과 유사한 점이 있었다. 하지만, 예수님이 유대식과 그리스·로마식 중 어떤 방식을 따르셨는지에 대한 증거는 나타나지 않는다. 복음서는 예수님의 가르침이 하나님과의 관계로부터 오는 것이기에 우리가 사용하는 교육 방식을 따르는 것이 아니라고 설명하고 있다. 지혜의 선생이신 예수님께서는 다른 교사들과 유사하게, 어떤 가르침을 위하여 질문을 던져 사람들이 생각하게 하신다. 예를 들어서, 다음과 같은 질문을 하신다. "너희 중에 누가 염려함으로 그 키를 한 자라도 더할 수 있겠느냐?" 마6:27. 예수의 가르침 중 일부는 급진적이며, 성령을 통한 하나님의 능력이 아니면 따르기가 불가능한 것처럼 보인다. 한 예로, 한 유대 관원이 율법의 관점에 대한 예수님의 견해를 묻는다.

그는 영생을 얻기 위해 어떻게 해야하는지를 질문한다. 이 사람의 마음을 보고, 그가 부에 집착하고 있음을 아시는 예수님께서는 이렇게 답하신다. "네게 있는 것을 다 팔아 가난한 자들에게 나눠 주라 그리하면 하늘에서 네게 보화가 있으리라 그리고 와서 나를 따르라."

이 젊은 관원은 큰 부자이므로 이 말씀을 듣고 심히 근심한다. 이 말씀을 하신 후, 예수님께서는 다음과 같이 또 말씀하신다. "무릇 사람이 할 수 없는 것을 하나님께서는 하실 수 있느니라" 눅18:18-29.

예수님 당시의 유대 지도자들에게 가장 당혹스러운 것은 예수님의 가르침과 당신에 대해 말씀한 내용들이다. 예수님께서는 당신만이 하나님께로 가는 유일한 길이라고 말씀하신다 요14:6. 예수님께서는 공공연하게 죄를 사하시고 눅5:20-21 영생을 주시는 당신의 능력 요11:25을 말씀하신다. 예수님께서는 심지어 아브라함 전에 당신이 존재한다고 말씀하시고 요8:58 세상을 심판하시러 다시 오신다고 약속하셨다 마25:31-32.

가장 중요한 사실은, 예수님의 생애가 타락한 인간을 향한 아버지의 사랑의 마음을 나타내고 있는 것이다. 아버지의 마음을 알 수 있는 예수님의 모습은 환난 중에 있는 사람들을 불쌍히 여기시는 모습이다. 사람들과 교제하시면서, 예수님께서는 하나님의 자비를 보이신다. 예수님께서는 공생애 동안, 아프고, 죽고, 그리고 귀신들린 사람들을 그 고통에서 구원하여 주신다. 마지막으로, 십자가에서 예수님께서는 죄와 사망의 권세로부터 그를 믿는 모든 자들을 구원하신다 롬5:17.

예수님의 가르침과 사역

복음서별 비유의 수

누가 **28**
마태 **23**
마가 **9**
요한 **0**

복음서에서 예수님께서 물으신 질문의 수

343

말씀, 접촉 또는 침 뱉음

▶ 예수님은 복음서에서 세 가지 주요 방법으로 사람들을 치유하심

예수님이 치료하실 때 사용하신 치유의 각 방법의 수

6 말씀

10 접촉

3 침 뱉음

장벽을 무너뜨리심

▶ 예수님 당시의 유대 사람들은 이방인과 어울리지 않았으므로, 예수님의 긍휼하신 교제들은 눈에 띄었음

예수님이 이방인과 교제하신 수

4

이방인이
예수님께
다가와 말함

4

예수님이
고치신
이방인들

2

예수님이
귀신을
쫓아내어 준
이방인들

반대

예수님을 고소, 비난하며 질문한 종교 지도자들의 수

20
바리새인들
11
율법학자들
7
기타
유대 지도자들

비난과 질문

종교 지도자들이 예수님께 비난하고 질문한 수

예수님의 권위에 대해 질문함
12

안식일에 치료 또는 일하는 것을 비난함
5

죄인들과 함께 지내는 것을 비난함
4

율법의 문제에 대하여 질문함
4

예수님이 가르치시고 언급하신 주제별 분류

간음과 결혼 마5:27-32; 19:4-8; 눅16:18

교회와 권징 마16:17-20; 18:15-18; 21:12-13; 막11:17; 눅18:45-46

구제 마6:2-4; 막12:41-46; 눅6:29-30, 38; 21:1-4

권위에 따름 마17:24-27; 22:15-22; 막12:17; 눅20:20-25

그리스도인의 정체성 마5:13-16; 막9:49-50

그리스도를 부인함 마12:33-42; 26:34; 막12:1-11

근심하지 않음 마6:25-34; 눅12:22-31

금식 마6:16-18; 막2:18-21; 눅5:34

기도 마5:44; 6:5-13; 7:7-11; 9:38; 18:19-20; 막9:28-29; 11:24; 눅6:28; 11:2-13; 18:1-8; 요14:13-14; 15:7; 16:23-24

남에 대한 판단 마5:13-16; 막9:49-50

마지막 날/종말 마13:27-30, 36-43, 47-50; 19:28-30; 24:4-14, 32-35; 막13:5-8, 14-25; 눅12:54-56; 17:28-35; 21:8-11, 20-31

맹세 마5:33-37

믿음 마9:22, 29; 8:13; 15:24-28; 17:20; 21:21-22; 막11:22-23; 눅7:50-17:6

바리새인의 위선 마6:2, 5; 23:1-7, 13-33; 막7:9-13; 12:38-40; 눅11:37-44; 12:1-3; 18:9-14; 20:45-47; 요5:37-44

박해 마5:10-12; 10:16-24, 26-31; 막13:8, 12-13; 눅6:22-23; 21:12-19; 요15:18-25; 16:1-4

부활 마22:29-32; 막9:31; 12:24-27; 눅20:27-38; 요5:25-32; 6:39-40; 11:25

사랑 마5:43-44, 46; 22:37-40; 막12:29-31; 눅6:27-36; 10:27; 요3:16; 14:20-21, 23-24; 15:9-17

살인 마5:21-22

섬김 마20:26-28; 막9:35; 10:42-45; 눅7:36-46; 10:30-35; 17:7-10; 21:24-30; 요8:9-11, 4-36

성만찬 마26:26-29; 막14:22-25; 눅22:17-23

심판 마5:21-22; 13:40-42, 47-50; 18:6-9; 21:42-45; 22:11-14; 24:48-51; 25:28-30, 31-46; 막9:41-48; 눅6:24-25; 10:13-15; 11:47-50; 13:22-30; 20:9-19; 요9:39; 12:47-50

안식과 평화 마11:28-30; 요16:33

안식일 마12:3-7, 11-12; 막2:27; 눅6:1-10; 13:15-16; 요7:21-24

어린 아이 마19:13-15; 막9:36-37; 10:13-16; 눅18:15-17

영적 소경 마13:13-15; 15:13-14; 16:2-4, 8-12; 22:16-26; 막4:11-12; 7:6-8; 8:17-20

예수님의 신성 마22:42-45; 28:18; 요8:58; 9:35-37; 10:25-30, 38; 12:44-46; 14:6-7, 9-11; 16:26

예수님의 십자가 죽음 마17:22-23, 22-23; 20:17-19; 21:33-45; 26:1-2, 11-13; 막9:31; 10:32-34; 요12:23-24, 31-32

예수를 따르고 제자 되기 마8:20-22; 10:34-39; 28-30; 16:24-26; 19:21, 28-30; 막1:17; 8:34-38; 눅9:23-26, 57-62; 10:1-12, 16, 18-20; 14:25-35; 요8:12, 31-32; 12:25-26; 14:12

온유 마5:3, 5; 11:25; 18:2-5; 2-:26-28; 23:8-12; 막9:35; 10:15; 눅9:47-48; 14:7-11; 18:9-14

성 경 의 사 건 과 이 야 기

그리스도의 기적들

예수님께서는 살아계신 하나님의 아들이기 때문에, 예수님의 사람들과 사역은 이 땅 위의 하나님의 나라의 시작을 알린다. 예수님께서는 하나님께서 그 아들을 보내셔서 세상을 심판이 아니라 구원하신다는 복음을 선포하신다요3:16-17. 하나님 나라가 이 땅 위에 시작됨을 보이는 표적으로써, 예수님께서는 자연적 원인으로는 설명할 수 없는 많은 이적과 기이한 일들을 행하신다.

세례 요한이 제자들을 예수께 보내어 예수님이 메시아인지를 질문할 때, 예수님께서는 다음과 같은 기적을 말씀하신다. "너희가 가서 보고 들은 것을 요한에게 알리되 맹인이 보며 못 걷는 사람이 걸으며 나병 환자가 깨끗함을 받으며 귀 먹은 사람이 들으며 죽은 자가 살아나며 가난한 자에게 복음이 전파된다 하라"눅7:22.

예수님께서는 새로운 세상의 질서로 안내하신다. 예수님이 폭풍을 잠잠케 하실 때, 예수님께서는 자연 위에 있는 예수님의 권위와 앞으로 올 자연이 결코 파괴적인 존재가 아닌 세상을 보이신다. 예수님이 버려진 여인을 건강하게 하고 절름발이를 걷게 하실 때, 예수님께서는 병을 고치시는 권위와 앞으로 올 질병과 사망으로 더 이상 고난 받지 않을 세상을 보이신다. 그의 기적들은 하나님의 자비를 나타낸다.

예수님의 기적들은 앞으로 펼쳐질 하나님의 계획으로 온전해질 하늘과 땅의 모습을 엿보여준다계 21-22장. 오실 왕이신 예수님께서는 언젠가, 모든 것을 새롭게 하실 것이다계21:5.

복음서에 기록된 약 40개의 기적들은 다음과 같다:

사람을 고치심

- 나병 환자마8:1-3
- 백부장의 하인마8:5-13
- 베드로의 장모마8:14-15
- 많은 아픈 사람들마8:16
- 중풍병자마9:2-8
- 혈류병 여인마9:20-22
- 두 소경마9:27-30
- 손 마른 자마12:9-14
- 게네사렛에서의 많은 병자마14:34-36
- 많은 다른 병자들마15:29-31
- 두 소경마20:29-34
- 귀 먹고 말 더듬는 자막7:31-35
- 벳새다의 소경막8:22-26
- 꼬부라진 여인눅13:10-13
- 수종병 든 자눅14:1-4
- 열 명의 나병 환자눅17:11-19
- 말고의 귀눅22:50-51; 요18:10
- 가나에서 가버나움 관리의 아들요4:46-54
- 베데스다 연못에 있는 사람요5:1-9
- 날 때부터 소경된 자요9:1-7

귀신을 쫓아내심

- 베드로의 집마8:16
- 가다라 출신의 두 사람마8:28-34
- 말 못하는 자마9:32-33
- 눈멀고 말 못하는 자마12:22
- 간질 걸린 아이마17:14-19
- 회당에 있는 사람막1:21-28

- 일반적인 내쫓으심막1:39; 3:11
- 수로보니게 여인의 딸막7:24-30
- 예수님을 따르는 일부 여인들눅8:2
- 일곱 귀신 들린 막달라 마리아눅8:2

자연에 권위를 행하심
- 폭풍을 잠잠케 하심마8:23-27
- 오천 명을 먹이심마14:13-21
- 물 위를 걸으심마14:23-33
- 사천 명을 먹이심마15:32-38

- 고기의 입에서 네 드라크마를 건짐마17:24-27
- 무화과나무를 저주하심마21:18-19
- 기적적으로 벗어나심눅4:28-30
- 기적적으로 고기를 잡음눅5:1-7; 요21:1-8
- 물로 포도주를 만드심요2:1-11

죽은 자를 살리심
- 회당장의 딸을 죽음에서 살리심마9:18-19, 23-25
- 죽은 과부의 아들을 살리심눅7:11-16
- 죽은 나사로를 살리심요11:38-44

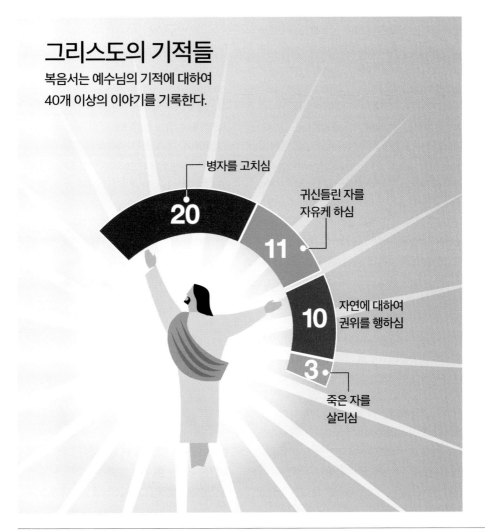

그리스도의 기적들
복음서는 예수님의 기적에 대하여
40개 이상의 이야기를 기록한다.

병자를 고치심
20

귀신들린 자를
자유케 하심
11

자연에 대하여
권위를 행하심
10

3
죽은 자를
살리심

성경의 사건과 이야기

그리스도는 누구신가?

예수님께서는 살면서 그 자신을 누구라고 말씀하셨는가? 그의 삶이 그의 말과 일치하여, 그가 그 자신에 대해 일컫은 바를 증명하는가? 제자들은 분명하게 그렇다고 생각하였으며, 세상의 구세주이신 하나님의 아들을 따르기 위해 자신의 삶을 바쳤다. 예수님의 죽음 후 2000년이 지난 오늘에도, 전 세계에서 예수님을 따르는 자들이 모여 예수님을 살아 계신 하나님의 아들로 경배하고 있다.

예수님께서는 하나님의 어린 양이다.

예수님은 사역을 시작하시면서, 요단 강에서 사촌인 세례 요한을 만나신다. 요한은 사람들에게 죄를 회개하고 세례를 받으라고 전파하며 메시아의 길을 예비한다. "요한이 예수께서 자기에게 나아오심을 보고 이르되 보라 세상 죄를 지고 가는 하나님의 어린 양이로다"요1:29.

이스라엘의 역사 동안, 하나님께서는 그의 백성들에게 그들의 죄에 대한 속죄를 요구하신다. 백성들은 양, 염소, 그리고 비둘기 같은 짐승으로 희생 번제를 드림으로 이를 행하였다. 일 년에 한 번씩 대 속죄일에, 이스라엘의 대제사장은 지성소에 들어가 완전하고 흠 없는 양을 하나님께 희생 제물로 드렸다. 예수님께서는 오셔서, 완벽한 제물이자 구원의 길로 안내하는 대제사장이 되신다. 예수님께서는 죄 없는 삶을 사시고 영원히 죄에 대한 단 하나의 희생 제물이 되신다히10:12; 10:5-13절을 참조. 예수님께서는 그 몸을 제물 삼아 기꺼이 십자가에 자신의 생명을 내어주셨다. 하나님의 어린 양인 예수님께서는 우리의 죗값을 지불하기 위해 이 땅 위에서 십자가에 달려 죽으셨다.

예수님께서는 죽음과 부활 뒤 승천하시어 하나님 우편에 앉으신다히10:12.

예수님께서는 우리 곁의 하나님이다.

예수님께서는 성육신하셔서, 육신을 입으신 하나님이 되셨다요1:1, 14장. 예수님께서 나시기 700년 전 이사야는 그를 임마누엘이라 예언하는데, 그 의미는 "하나님께서 우리와 함께 계심"이다. 비록 성경이 우리 가운데 살아계신 하나님은 이해할 수 없는 신비라 할지라도딤전3:16, 그것은 신비이자 예수님께서 보여주신 진리다.

태초부터, 하나님께서는 그의 백성들과 사랑의 관계를 원하셨다. 하나님께서는 하나님의 형상으로 사람을 창조하시고 에덴동산에서 이들과 교제하신다창1:26-3:10. 예수님의 형태로 육신을 입으신 하나님의 도래요3:16-17는 인간을 향한 하나님의 위대한 사랑을 나타낸다. 하나님께서는 결코 그의 백성들을 버리지 않으셨고히13:5, 우리를 고아처럼 버려두지 않으신다요14:18. 우주의 하나님께서는 우리를 회복시키셔서 우리와 함께 하시고, 에덴동산에서 누렸던 하나님의 임재를 즐길 수 있게 하실 것이다.

예수님께서는 구원으로 가는 유일한 길이다.

하나님이신 예수님께서는 영원이시다. 예수님께서는 시작도 끝도 없으신 분이다. 예수님께서는, "아브라함이 나기 전부터 내가 있느니라"요8:58고 말씀하신다. 이 말씀으로 예수님께서는 모세에게 말씀하셨고 그를 이스라엘 백성에게 보내셨던 여호와가 바로 예수님 당신임을 설명하신다출3:14. 예수님께서는 영원한 하나님의 아들로서 그를 따르는 자들에게 영생을 약속하신다요 10:27-28.

예수님께서는 사역하시는 동안 죄를 용서받고 영생을 얻을 수 있는 유일한 방법에 대하여 말씀하신다. 예수님께서는 다음과 같이 말씀하신다. "내가 곧 길이요 진리요 생명이니 나로 말미암지 않고는 아버지께로 올 자가 없느니라"요14:6. 예수님께서는 당신이 생수이고, 당신을 마시는 자마다 목마르지 않을 것이라고 말씀하신다요4:13-14. 당신이 구원으로 들어가는 유일한 문이라고 말씀하신다요10:9. 그리고 당신이 부활이요 생명이고, 자신을 믿는 자는 결코 죽지 않을 것이라고 말씀하신다요11:25-26.

성경은 어린 아이와 같이 순수한 믿음만이 구원의 길이라고 기록하고 있다마18:3. "네가 만일 네 입으로 예수를 주로 시인하며 또 하나님께서 그를 죽은 자 가운데서 살리신 것을 네 마음에 믿으면 구원을 받으리라"롬10:9.

주는 그리스도시요 살아계신 하나님의 아들이다.
3년 동안 12제자들과 함께 사역하신 후, 예수님께서는 자신에 대하여 제자들에게 다음과 같이 묻는다. "사람들이 인자를 누구하고 하느냐?" 제자들은 "더러는 세례 요한, 더러는 엘리야, 어떤 이는 예레미야나 선지자 중의 하나라"라고 답한다. 그러자 예수님께서는 "너희는 나를 누구라 하느냐?"라고 물으신다. 시몬 베드로는 "주는 그리스도시요 살아 계신 하나님의 아들입니다"라고 답한다. 예수님께서는 그를 칭찬하시며, "네가 복이 있도다 이를 네게 알게 한 이는 혈육이 아니요

하늘에 계신 내 아버지시니라" 고 말씀하신다마 16:13-17.

예수님께서는 하늘과 땅의 모든 권세를 가지신 완전한 하나님이시다. 예수님께서는 성경의 여러 장면에서 이 권위를 나타내신다. 예수님은 오직 하나님만이 하실 수 있는 기적을 베푸신다. 예수님께서는 물 위를 걸으시고마14:25, 말씀으로 폭풍을 잠잠케 하시고눅8:22-25, 궁극적으로는 "너희가 이 성전을 헐라 내가 사흘 동안에 일으키리라"요2:19고 말씀하신 것처럼 죽은 자 가운데서 사흘 만에 부활하셔서 그 능력을 보이신다.

예수님의 권위는 예수님께서 하나님 아버지의 아들이자 하나님과 하나라는 사실에서 온다. 예수님은 다음과 같이 말씀하신다. "나와 아버지는 하나이니라요10:30.

제자들이 예수님께 하나님을 보여 달라고 부탁하자, 예수님께서는 당신을 본 자는 아버지를 본 것이라고 말씀하신다요14:9. 예수님을 의심하는 많은 자들이 그가 메시아라는 증거를 보여 달라고 요구한다. 예수님께서는 당신이 누구신지 살아가면서 분명하게 보여주셨다고 답하신다. "내가 내 아버지의 이름으로 행하는 일들이 나를 증거하는 것이다"요10:25.

살아 계신 하나님의 아들로서, 예수님께서는 세상에서 죄를 용서하실 권세를 가지고 계신다. 3년의 사역 동안에, 예수님께서는 지속해서 이에 대해 말씀하셨다. 예를 들어, 중풍 걸린 자를 고치시기 전에 예수님께서는 그에게, "작은 자야 네 죄 사함을 받았느니라"막2:5고 말씀하신다. 율법 선생들은 속으로 예수님을 신성모독이라고 생각하면서, "오직 하나님 한 분 외에는 누가 능히 죄

를 사하겠느냐?"라고 주장한다. 이들은 예수님이 성육신하신 하나님이심을 인정하지 않는 것이다. 예수님께서는 다음과 같이 말씀하신다. "중풍병자에게 네 죄 사함을 받았느니라 하는 말과 일어나 네 상을 가지고 걸어가라 하는 말 중에서 어느 것이 쉽겠느냐? 그러나 인자가 땅에서 죄를 사하는 권세가 있는 줄을 너희로 알게 하려 하노라." 그리고 다시 중풍병자에게, "내가 네게 이르노니 일어나 네 상을 가지고 집으로 가라" 말씀하신다 막2:9-10. 그러자 중풍병자가 일어나 걷고, 모든 사람들이 놀란다.

메시아이신 예수님께서는 그 누구와도 비교할 수 없는 힘, 즉 모든 통치와 권세와 능력과 주권엡 1:21을 가지고 계신다. 예수님께서는 바람과 파도를 다스리시며, 생명의 근원으로서 사망을 이기신다. 예수님께서는 세 번, 죽은 자를 살리신다. 매 사건마다 많은 사람들이 예수님이 죽은 자들을 일으키시기 전까지 그가 죽어있음을 분명하게 보았다 마9:23-25; 눅7:11-15; 요11:17-44. 예수님께서는 죽어서 나흘 동안 무덤에 있던 나사로에게 일어나라고 명하신다 요11:39.

궁극적으로, 예수님께서는 십자가에서 죽으신 후 사흘 만에 죽은 자 가운데에서 부활하시어 사망을 이기시는 능력을 증명하셨다. 예수님께서는 제자들에게 앞으로 일어날 여러 가지를 말씀하신다마20:17-19; 막8:31-38; 마16:21-28; 막10:32-34; 요10:11. 예수님이 죽고 다시 살아나야 한다는 말씀을 여러 번 들었음에도 불구하고, 제자들은 예수님이 죽으신 뒤 다시 살아나셔서 이 모든 일들이 당신의 백성들을 구원하시기 위하여 반드시 이루어져야 한다는 성경의 말씀을 설명해 주실 때까지 이를 이해하지 못했다.

예수님께서는 제자들의 순종을 명령하실 권위를 가지고 계신다. 예수님께서는 제자들에게 당신을 따라오려면 자신을 부인하고 자기 십자가를 지고 당신을 따라야 한다고 말씀하신다 막8:34. 예수님이 제자들에게 복음의 대헌장을 주시고 세상으로 나아가라 하실 때, 하늘과 땅의 모든 권세가 당신에게 주어졌음을 분명하게 말씀하신다마28:18-20. 또한 예수님께서는 제자들에게 성령을 보내시어, 세상에서 당신이 행하신 일들을 제자들에게 계속 행하게 하신다 요14:16, 26장; 15:26; 16:7.

성령의 능력을 통하여 예수를 믿음으로 죄에서 구원을 받는다는 복음은 2000년이 넘는 지금까지 세상에 전해지고 있다. 복음은 모든 족속과 방언과 백성과 나라가 들을 때까지 계속 전해질 것이다계5:9; 13:7. 예수님께서는 다시 오셔서 모든 것을 새롭게 할 것이다계21:5. 즉 인류와 하늘과 땅을 하나님께서 작정하신 조화와 완전함으로 회복시킬 것이다.

성경의 사건과 이야기

예수님에 대한 반응

가시는 곳마다, 예수님께서는 큰 반향을 일으키신다. 예수님을 보고 중립적인 반응을 보이는 사람은 없었다. 어떤 사람들은 곧바로 예수님에 대한 믿음과 신뢰를 보이며 예수님의 말을 따르고 그를 좇는다. 반면에 어떤 사람들은 예수님의 말씀에 화를 내고, 심지어는 "돌로 쳐 죽여라"라고 소리치기까지 한다.

예수님이 제자를 부르실 때, 그들은 그 즉시 가족과 일을 버리고 예수님을 따른다. 그들은 주저하지 않았다. 예를 들어, 안드레가 예수님을 만났을 때, 그는 예수님이 메시아라는 사실을 재빠르게 알아차린다. 그는 그의 형제 시몬 후에 시몬 베드로를 찾아 그를 예수님께 데리고 나온다요1:40-42. 후에 시몬 베드로는 예수님이 자신을 사람들이 무엇이라고 생각하느냐고 물으실 때, 주는 그리스도라고 고백한다눅9:20. 예수님께서는 베드로에게 그러한 앎은 오직 하늘로부터 계시되기 때문에 그에게 복이 있다고 말씀하신다.

예수님이 부활하신 후에, 사도들은 예수님이 메시아라는 확신을 가지고, 온갖 수난을 겪으면서도 이 진리를 전파한다행5:42. 처음에 기독교인들을 박해하였던 사도 바울도 다메섹으로 가는 길에 예수님의 말씀을 듣고 눈이 머는 극적인 경험을 한 후에, 예수님께서 하나님의 아들이라고 전파한다행9:1-6, 20-22장.

어떤 사람들은 예수님께 믿음으로 응답하여 그들이 갈망하던 대로 기적적으로 병이 낫는다. 여기에는 시력을 찾은 두 소경눅18:35-42; 막10:46-52이나 예수님의 옷자락을 만지고 혈류병에서 나은 여인눅8:43-48 등이 해당된다.

어떤 사람들은 예수님께 회개하고, 죄에 대한 용서를 구한다. 한 세리는 예수님을 만난 즉시 사람들의 돈을 속여 빼앗은 일을 회개한다눅19:8-10. 어떤 사람들은 깊은 감사와 진정한 경배로 예수님께 응답한다. 한 여인은 예수님의 발에 향유를 붓고, 눈물을 흘린다. 그녀는 이때, 자신의 머리카락과 눈물로 예수님의 발에 입 맞추고 그 발을 씻긴다눅7:37-38. 이 장면을 목격한 유대 지도자는 이러한 친밀한 경외의 표현을 책망하였으나, 예수님께서는 이 여인을 칭찬하시면서 다음과 같이 말씀하신다. "네 죄 사함을 받았느니라……네 믿음이 너를 구원하였으니 평안히 가라"눅7:48, 50장. 제자들은 예수님이 말씀으로 폭풍을 잠잠케 하시는 것을 보고 이 여인처럼 예수님을 경배한다마14:33. 그들은 예수님의 부활을 목격하고, 그 자리에 엎드려 예수님을 경배한다마28:9.

어떤 사람들은 예수님에 대한 반감을 나타낸다. 예를 들어, 예루살렘의 많은 장로들과 율법 선생들은 예수님이 성전의 장사치들을 쫓아낸 사건에 대해 예수님의 권한에 의문을 제기하고막11:27-33, 내쫓으려 하고, 심지어는 죽이려고 한다. 많은 사람들이 예수님의 기적을 목격하였음에도 예수님을 믿기를 거부한다요12:37. 어떤 사람들은 예수님을 믿으나 회당에서 쫓겨날 것이 두려워 잠잠히 침묵한다요12:42-43.

어떤 사람들은 예수님을 강하게 반대하며, 그의 죽음을 요구한다. 예수님의 고향 나사렛의 사람들은 예수님이 목수의 아들이고, 그 가족을 알고 있었기 때문에 예수님을 즉각 쫓아내려고 했다막6:1-6. 예수님이 그의 고향에서 선지자들은 배척당한다고 말씀하시자, 나사렛 사람들은 화가 나 예수님을 절벽에서 떨어뜨리려고까지 한다눅4:14-30.

예루살렘 사람들은 예수님이 하나님을 아버지라 부르고 당신이 하나님과 하나라고 말씀하신다는 이유로 돌로 쳐 죽이려고 한다. 예수님이 당신의 행하심을 보고 판단하라고 했음에도, 이들은 예수님이 스스로 하나님이라고 말하는 것을 신성모독이라 여겨 비난한다요10:22-39.

예수님을 반대함으로 인해 일어난 가장 심한 일은 이들이 예수님을 로마 총독, 빌라도에게 넘긴 사건이다. 예수님의 가르침을 듣고, 예수님의 기적을 보았음에도, 군중들은 빌라도에게 예수님을 십자가에 못 박으라고 요구하고눅23:20-21, 빌라도는 그렇게 한다.

예수님에 대한 반응

예수님의 죽음을 요구함
눅23:20-21;
요10:33

예수님을 메시아라 부름
눅9:20; 요1:41;
행5:42

하나님의 아들로 믿음
마8:29; 요1:49;
행9:20

강퍅한 마음
요12:37

예수님의 권위에 대하여 질문함
막11:27-33

믿음으로 나아감
막10:52;
눅8:48; 18:42

반대
막6:1-3
눅4:28-30

죄를 회개함
눅19:8-10

감사
눅17:14-16

경배
마14:33; 28:9

성경의 사건과 이야기

변모

베드로가 주는 그리스도시요 하나님의 아들이라고 고백마16:16하고 약 일주일 후에 예수님께서는 기도하시기 위하여 베드로, 야고보, 그리고 요한을 데리고 높은 산에 오르신다눅9:28. 그곳에서 예수님의 모습이 변한다. 예수님의 얼굴이 태양처럼 빛나고 그 옷은 희어져 광채가 난다눅9:29; 마17:2.

제자들은 모세와 선지자 엘리야가 갑자기 나타나 예수님과 함께 있는 것을 본다. 제자들이 떨면서 보고 있는 동안, 예수님께서는 예루살렘에서 곧 있을 당신의 죽음에 대해 모세와 엘리야에게 말씀하시기 시작한다눅9:30-31. 모세와 엘리야가 떠나려고 하자, 베드로는 예수님께 여기가 좋사오니 여기에 좀 더 머무를 수 있도록 예수님, 모세, 엘리야를 위하여 초막 셋을 짓자고 제안한다눅9:32-34. 베드로가 이 제안을 할 때, 구름이 와서 그들 셋을 덮고 하늘에서 목소리가 들린다. "이는 내 사랑하는 아들이니 너희는 그의 말을 들으라!"막9:7. 베드로, 야고보, 그리고 요한이 다시 보았을 때 그곳에는 예수님만 있었다막9:7-8.

이 경험은 베드로의 최근 고백에서 언급된 예수님께서 하나님의 아들이시며 약속된, 그리고 소망 중에 고대하던 메시아라는 사실을 야고보와 요한도 알게 한다.

예수님께서는 모세에게 주어진 율법보다 크시고, 엘리야에게 주어진 예언들보다 크신 분이다. 사실, 예수님께서는 사역 중에 다음과 같이 말씀하셨다. "내가 율법이나 선지자를 폐하러 온 줄로 생각하지 말라 폐하러 온 것이 아니요 완전하게 하려 함이라"마5:17.

모세와 엘리야가 떠난 후에, 예수님께서는 베드로, 야고보, 그리고 요한에게 이들이 본 것을 당신이 부활하실 때까지 말하지 말라고 명하신다. 제자들은 예수님이 앞으로 있을 부활에 대하여 말씀하실 때, 그 뜻이 무엇인지 이해하지 못해 서로 논의한다눅9:10.

후에, 베드로는 베드로후서에서 예수님의 변모를 설명한다벧후. 그는 자신이 예수님에 대하여 말한 내용은 두 눈으로 직접 본 사실들이라는 점을 강조한다. 그는 예수님의 영광을 보았고 예수님을 하나님의 아들이라고 선포하는 하늘로부터의 음성을 들었다벧후1:16-18.

변모

마태복음17:1-13

하나님의 음성
예수님의 사역과 예수님이
구약의 율법과 예언을 완성할 것임을 증명함

엘리야
선지자들을 대표함
예수님이 다시 온 엘리야가 아님을 증명함

모세
구약의 율법을 대표함

예수님
영광으로 덮이심

승리의 입성

예 수님이 예루살렘에 입성하자, 예루살렘 사람들은 환호한다. 그러나 군중은 곧 돌변하여 그들의 환대는 예수님의 체포, 재판, 그리고 십자가 처형으로 변한다.

예수님이 어린 나귀를 타고 예루살렘 성에 들어가자, 군중들은 종려나무를 흔들고, 예수님이 가시는 길에 자신의 옷을 깔며 "기쁘도다" 혹은 "찬양하노라"라는 의미로 호산나라고 외친다. 바리새

승리의 입성
막11:1-11

사람들의 노래
예수님이 예루살렘에 들어가시자,
사람들은 히브리 표현으로 "구원"이란 뜻의
호산나를 노래함
시118:25-26 참조

길에 놓인 옷들
사람들은 자신의 옷을 길에 깔고
왕이신 예수님께 순종할 것을 표현함.

인들이 예수님에게 사람들이 그만 환호하도록 해 달라고 요구하자, 예수님께서는 만일 사람들이 잠잠하면 돌들이 일어나 외치리라고 그들에게 말씀하신다. 예루살렘에 가까워지자, 예수님은 지금 환호하는 사람들이 곧 당신을 배척할 것을 아시고 우신다. 예수님께서는 적들에 의한 예루살렘의 파괴를 예언하시고, 이 예언은 서기 70년에 로마가 예루살렘을 포위함으로 성취된다눅19:41-44.

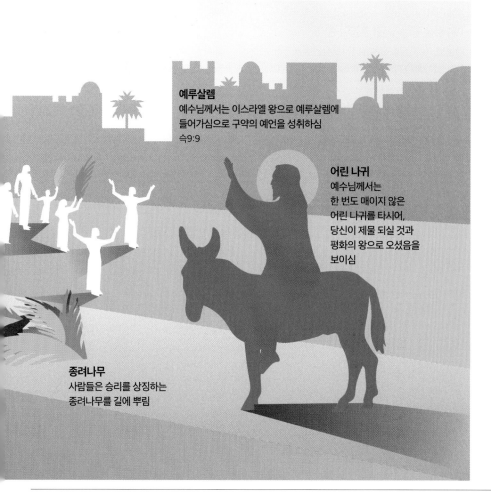

예루살렘
예수님께서는 이스라엘 왕으로 예루살렘에 들어가심으로 구약의 예언을 성취하심
슥9:9

어린 나귀
예수님께서는 한 번도 매이지 않은 어린 나귀를 타시어, 당신이 제물 되실 것과 평화의 왕으로 오셨음을 보이심

종려나무
사람들은 승리를 상징하는 종려나무를 길에 뿌림

성경의 사건과 이야기

예수님의 마지막 일주일

예수님의 생애 중 마지막 일주일은 고통과 환난을 의미하는 "고난 주간"으로 알려져 있다. 성경은 이 사건에 대한 정확한 날짜를 기록하고 있지 않다마 21-27장; 막 11-15장; 눅19:28-23:56; 그리고 요 12-19장.

고난 주간의 첫째 날, 예루살렘의 군중은 예수님의 입성에 기뻐하며, 어린 나귀를 타고 성에 들어오시는 예수님을 종려나무를 흔들며 환영한다마21:1-11. 다음날, 예수님께서는 유대지도자들에게 진노하시며, 성전에서 장사하여 아버지의 집을 강도의 소굴로 만든 상인들을 내쫓으신다마21:12-46.

예수님께서는 그 다음날, 제자들에게 믿음을 지키며 당신의 재림을 준비하라고 가르치신다마22-25장. 주중에, 유대 지도자들은 제자 중 한명인 가룟 유다를 매수하여 예수님이 있는 곳에 대한 정보를 얻는다. 유다는 은 삼십에 예수님을 배신한다마26:14-16. 다음날 밤, 예수님이 유월절 음식을 제자들과 나눌 때후에 기독교인들은 마지막 만찬이라 칭함, 유다는 예수님을 배신하기 위해서 떠난다. 예수님이 이날 저녁 겟세마네 동산에서 홀로 기도를 할 때, 유다가 무장한 무리들과 함께 예수님을 잡으려고 온다마26:17-75. 그들은 예수님을 붙잡아 고문하고 죽이기 위해 로마 당국에 넘긴다.

목요일에, 로마 총독 본디오 빌라도는 예수님을 놓아 주려고 하나, 군중들은 엄청난 소란을 일으킨다. 그는 유대 지도자들의 충동질로 "예수를 십자가에 못 박아 죽여라"고 소리치는 유대인들에 따라 십자가 처형을 명령한다.

고난 주간

마 21-27장

고난 주간 동안의 주요 사건들

SUNDAY	MONDAY	TUESDAY	WEDNESDAY	THURSDAY	FRIDAY	SATURDAY
군중들이 예수님의 예루살렘 입성을 환영함; 종려주일 21:1-11	예수님이 지도자들에게 화를 내시고 성전에서 장사하는 자들을 쫓아내심 21:12-46	예수님이 유대 지도자들의 위선을 책망하심 23-25장	유다가 예수님을 배신하려고 뇌물을 받음 26:14-16	마지막 만찬; 유다는 예수님을 배신하고 베드로는 예수님을 부인함 26:17-75	예수님의 십자가 죽음; 제사장들은 사람들을 모아 십자가에 못 박으라고 소리치게 함 27장	

성 경 의 사 건 과 이 야 기

죽음과 부활

베드로가 예수님께서는 메시아라고 고백한 직후눅9:18-20, 예수님께서는 제자들에게 당신이 고난을 받고, 교회 지도자들에게 버림을 받아 죽임을 당하고, 사흘 후에 되살아날 것을 거듭 말씀하신다. 그리고 예수님께서는 당신의 제자가 되기를 원하는 사람은 누구든지 자기 십자가를 지고 당신을 따라야 한다고 말씀하신다눅9:21-23. 예수님의 처형은 채찍을 맞고, 가시 면류관을 쓰고 십자가를 지고 처형당할 장소까지 가는 것으로 시작한다. 예수님이 돌아가실 때, 땅은 이상하리만치 어두워진다. 오후 세시쯤, 예수님께서는

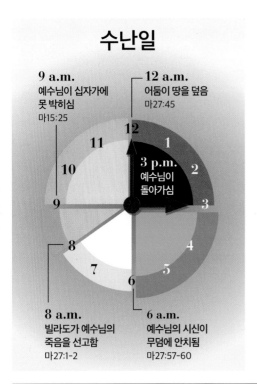

수난일

9 a.m.
예수님이 십자가에
못 박히심
마15:25

12 a.m.
어둠이 땅을 덮음
마27:45

3 p.m.
예수님이
돌아가심

8 a.m.
빌라도가 예수님의
죽음을 선고함
마27:1-2

6 a.m.
예수님의 시신이
무덤에 안치됨
마27:57-60

시편 22편에 기록된 대로, "나의 하나님, 나의 하나님 어찌하여 나를 버리시나이까?"라고 히브리어로 외치신다마27:45-46. 이 순간, 예수님께서는 하나님의 진노와 모든 인류의 죄를 짊어지시고 아버지와의 완전한 분리를 겪으신다.

요한은 마지막으로 다 이루었다 하시고 머리를 숙이니 영혼이 떠나갔다고 기록한다요 19:28-30. 이 말씀은 인간과 화목을 이루시려는 하나님의 뜻의 성취를 의미한다. 그리스도의 십자가, 즉 어린양의 피는 이제 거룩하고 긍휼하신 하나님과 직접 만날 수 있는 길이 된다.

예수님이 죽으실 때, 땅이 흔들리고, 바위가 갈라지고, 무덤이 열리고, 예루살렘 성전의 휘장이 위에서 아래로 찢어진다마27:51-52. 그 후 예수님께서는 두 로마 군인이 지키고 있는, 큰 바위로 막힌 굴 안에 안치된다막15:42-47; 마27:62-66. 예수님께서 죽으신 후 3일째 되는 날, 번개 같은 형상에 눈처럼 하얀 옷을 입은 천사가 무덤 앞에 나타난다. 경비병은 심장이 멎을 만큼 놀란다. 천사는 예수님의 시신을 살피려고 무덤 앞에 와 있던 여자들에게 말한다. "무서워하지 말라 …… 그가 여기 계시지 않고 그가 말씀하시던 대로 살아나셨느니라"마28:5-6.

천사들은 여인들에게 제자들에게 가서 다음과 같이 전하라고 명한다. "그가 죽은 자 가운데서 살아나셨고 너희보다 먼저 갈릴리로 가시나니 거기서 너희가 그를 볼 것이다"마28:7. 여자들은 이 소식을 제자들에게 전하고, 예수님께서는 그들에게 나타나신다. 그들은 엎드려 예수님을 경배한다마28:9. 생명의 근원이신 예수님께서는 이제 사망과 음부의 열쇠를 갖고 계신다계1:18.

예수님의 십자가

예수님이 십자가에 죽으실 것을
말씀하심
마26:1-5

한 여인이 예수님의 장례를 준비함
마26:6-13

유다가 예수님을 배신함
눅22:3-6

예수님과 제자들이 주의 만찬을 나눔
눅22:19-20

예수님이 겟세마네 동산에서 기도하심
막14:32-42

예수님이 체포되심
눅22:47-54

예수님이 유대인의 공회에서 재판을 받으심
막 14:53-65

예수님이 버림받으심
막15:6-15

예수님이 십자가에 달리심
막15:20-32

성전 휘장이 위로부터 아래로 찢어짐
마27:51

땅이 흔들리고, 바위가 갈라지고,
그리고 무덤이 열림
마27:51-52

성 경 의 사 건 과 이 야 기

승천과 마지막 말씀

예수님의 부활과 승천에 대한 최초의 기록은 복음서가 아닌 사도 바울의 고린도전서 15장이다. 그는 예수님이 제일 먼저 베드로에게, 그리고 사도들에게, 그리고 500명의 신자들에게 나타났다고 기록하고 있다. 바울이 반석인 베드로로 시작하여, 그 후 다른 사도들, 그리고 마지막으로 익명의 신자들에게로 옮겨가는 순서는 매우 흥미롭다. 바울은 스스로를 이 과정의 마지막이라고 생각한다.

복음서에서, 예수님께서는 시신에 기름을 바르려고 무덤에 온 여인들에게 처음 나타나신다. 이 여인 중, 막달라 마리아가 예수님이 부활하셨다고 제자들에게 말하자, 그들은 믿지 않는다 요20:11-18; 막16:9-11. 후에 예수님께서는 부활에 대한 증언을 믿지 않은 제자들을 책망하신다 막16:12-13.

또한 예수님께서는 엠마오로 가는 두 제자에게 나타나신다. 그들은 셋이서 걸으며 예수님을 죽음으로 끌고 간 사건들을 회고한다. 예수님이 이들에게 성경의 예언을 설명해주지만, 이들은 이후 함께 식사할 때까지 예수님을 알아보지 못한다눅24:13-35.

후에, 예수님께서는 제자들이 고기잡이로부터 돌아올 때까지 갈릴리 바닷가에 앉아계신다. 여기서 예수님께서는 당신을 부인한 베드로를 용서하시고, 양을 돌보는 베드로의 소명을 확인시켜 주신다.

예수님이 마지막으로 제자들에게 내리신 말씀은 온 세상에 복음을 전하고, "모든 민족을 제자로 삼아 아버지와 아들과 성령의 이름으로 세례를 베풀라"는 것이다마28:19.

십자가의 죽음, 부활, 그리고 승천

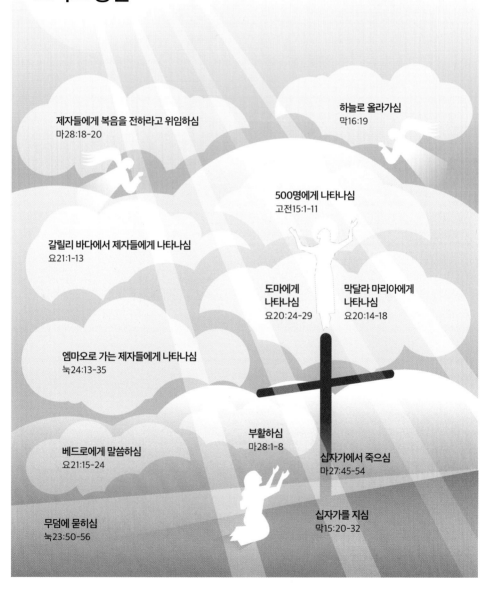

하늘로 올라가심
막16:19

제자들에게 복음을 전하라고 위임하심
마28:18-20

500명에게 나타나심
고전15:1-11

갈릴리 바다에서 제자들에게 나타나심
요21:1-13

도마에게 나타나심
요20:24-29

막달라 마리아에게 나타나심
요20:14-18

엠마오로 가는 제자들에게 나타나심
눅24:13-35

부활하심
마28:1-8

십자가에서 죽으심
마27:45-54

베드로에게 말씀하심
요21:15-24

무덤에 묻히심
눅23:50-56

십자가를 지심
막15:20-32

성경의 사건과 이야기

오순절

예수님께서는 승천하시기 전, 제자들에게 그들이 성령으로 세례를 받고행1:4-5, 위로부터 오는 능력을 입을 때눅24:49까지 예루살렘에 머물라고 말씀하신다.

유월절 50일 후인 오순절 날, 하나님을 따르는 자들은 약속된 성령을 받는다. 그들은 강한 바람소리를 듣고, 머리 위의 불꽃을 보고, 알 수 없는 언어로 말한다. 그들 중에는 바사, 애굽, 그리고 리비아 등 많은 다른 나라의 민족들이 있었다. 사람들은 처음으로 예수님의 십자가 죽으심과 부활에 대한 복음을 각자의 언어로 듣고, 이 소식을 그들의 고향 땅에 전한다.

오순절 날 성령이 충만하게 부어져서, 제자들은 예수님이 주신 사명을 계속하여 능력 있게 행할 수 있게 된다. 예수님께서는 아버지께로 가시면서, 보혜사 성령이 그들에게 능력을 주어 당신이 하신 일을 제자들도 할 것이고, 또한 그보다 큰일도 할 것이라고 말씀하신다요14:1.

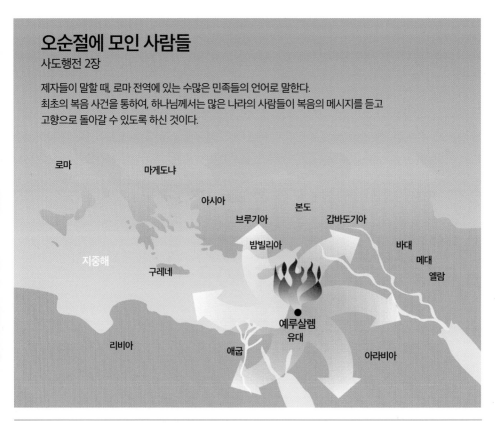

오순절에 모인 사람들
사도행전 2장

제자들이 말할 때, 로마 전역에 있는 수많은 민족들의 언어로 말한다.
최초의 복음 사건을 통하여, 하나님께서는 많은 나라의 사람들이 복음의 메시지를 듣고 고향으로 돌아갈 수 있도록 하신 것이다.

로마
마게도냐
아시아
브루기아
본도
갑바도기아
밤빌리아
바대
메대
엘람
지중해
구레네
예루살렘
유대
리비아
애굽
아라비아

성경의 사건과 이야기

사도와 사도행전

사 도행전은 유대인, 기독교인, 그리고 이방 인들을 대상으로 다양한 주제에 대한 예수님의 제자들의 가르침을 기록하고 있다. 사도행전 최초의 설교는 성령 세례에 대한 베드로의 설명이다. 베드로는 이 경험을 요엘 선지자가 말한 예언의 성취라고 설명한다행2:14-21. 그는 계속해서 예수님의 가르침을 설교하면서, 예수님의 죽음과 부활을 설명하고, 이를 듣는 자들에게 회개와 세례를 받을 것을 촉구한다행2:14-40.

베드로는 유대 백성들에게 회개하고 예수를 구주로 믿어야 한다고 하며행3:12-26, 예수님의 권세로 병을 고치셨던 일들을 가르치고행4:5-12, 이방인들에게 구원의 메시지를 전파한다행10:28-47. 후에 베드로는 예루살렘의 신자들에게 이방인들도 구원의 대상이라는 사실행11:4-18과 율법이 아닌 은혜에 의해 구원이 이루어진다는 바울의 가르침행15:7-11에 대해 설명한다.

스데반은 사도행전에서 가장 긴 설교를 한다. 스데반은 예루살렘의 공회 지도자들 앞에서 성경에 기록된 유대 백성들의 구원의 역사를 상기시키고, 예수님이 메시아임을 주장한다행7장. 이 설교는 지도자들을 화나게 했고, 그들은 스데반을 돌로 쳐 죽여, 그를 최초의 순교자로 만든다.

예루살렘에서의 짧은 설교에서, 야고보는 이방인들이 구원을 받기 위해서 구약성경에서 하나님의 백성들에게 요구한 할례를 받지 않아도 된다고 가르친다행15:13-21.

사도행전은 기독교인들의 믿음에 대한 세번의 변증을 포함하여, 바울의 여섯 번의 설교를 기록하고 있다. 에베소에서, 바울은 신자들이 박해 속에서도 믿음을 지킬 수 있도록 격려한다행20:17-35. 예루살렘에서 바울은 자신의 극적인 사역에 대해 말하며행21:1-21, 아그립바 왕을 비롯한 각 지역의 지도자들에게 자신의 믿음을 변론한다.

설교자들
행 2-28장

사도행전에서 설교한 성경의 인물들(구절 수에 근거함)

야고보 9

스데반 52

베드로 75

바울 117

성경의 사건과 이야기

베드로의 활동

반석이라는 의미의 베드로 또는 게바는 예수 님을 오랫동안 기다려온 그리스도시요 살 아계신 하나님의 아들로 인식한 첫 제자이다마 16:16. 그는 유일하게 물 위를 걸었고, 예수님을 세 번 부인한 제자로 유명하다 막14:66-72.

예수님께서는 반석이라 칭한 베드로에게 중요한 말씀을 내리신다. "너는 베드로라 내가 이 반석 위 에 내 교회를 세우리니 음부의 권세가 이기지 못하 리라"마16:18.

예수님이 승천하신 후, 베드로는 로마 제국에 교 회를 세우는 일에 헌신하며 설교하고, 성경의 두 권의 책베드로전후서을 저술한다 행3:1-16.

베드로의 말들

베드로가 설교나 서신서에서 가장 자주 사용하는 의미 있는 단어들

8 능력
12 삶
10 천국
9 은혜
12 영광
28 예수님
14 성령
32 그리스도
10 믿음
9 부름받음
9 예언들
12 DAY
30 주님
74 하나님
LOVE 사랑
14 선
10 시간
8 환난
18 거룩
12 악
17 지금
31 전부
9 살아있는
9 죽은

성경의 사건과 이야기

박해와 순교

교회의 영향력이 커짐에 따라, 교회에 대한 반대 세력도 커진다.

최초의 박해 중 하나는 베드로와 요한이 유대의 재판 기관인 산헤드린 공회에 의해 체포되는 사건이다. 이들은 사도들을 옥에 가두고 채찍질한다 행5:17-42.

박해는 더욱 심해지고, 산헤드린 공회는 스데반 집사를 체포하여 신성모독죄로 고소한다. 예수님이 메시아라는 스데반의 변론은 고소자들을 격분시키고, 그들은 스데반을 돌로 쳐 죽여 최초의 기독교 순교자가 발생한다 행6:8-7:60.

유대 지도자들은 초대교회의 확장을 막기 위해 신자들을 계속해서 옥에 가둔다. 예루살렘에서 흩어진 제자들은 전 세계로 복음을 전한다 행8:1-3. 사울은 처음에는 신자들을 잡아 죽이려고 하는 자들과 함께 했다. 하지만, 예수님을 만난 후, 사울은 바울로 이름을 바꾸고 이방인들에게 복음을 전하는 일에 헌신한다 행8:1; 9:1-19; 고전15:9.

헤롯 왕은 사도 야고보를 사형에 처한다. 유대인들이 이를 지지하자, 헤롯은 베드로도 체포한다. 하나님의 천사가 기적적으로 베드로를 옥에서 풀어주어 처형을 면하게 한다 행12:1-19.

바울의 1차 전도여행에서 루스드라의 유대인들은 바울을 성 밖으로 끌고 가 돌로 치고, 죽도록 내버려둔다 행14:19-20.

후에 바울과 실라는 빌립보에서 매 맞고 옥에 갇힌다 행16:20-24. 바울은 결국 투옥되고 로마로 이송된 후 목이 잘려 죽는다.

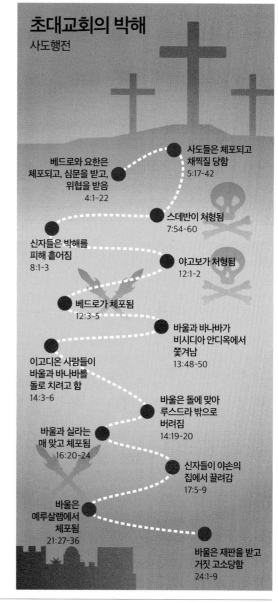

초대교회의 박해
사도행전

사도들은 체포되고 채찍질 당함
5:17-42

베드로와 요한은 체포되고, 심문을 받고, 위협을 받음
4:1-22

스데반이 처형됨
7:54-60

신자들은 박해를 피해 흩어짐
8:1-3

야고보가 처형됨
12:1-2

베드로가 체포됨
12:3-5

바울과 바나바가 비시디아 안디옥에서 쫓겨남
13:48-50

이고디온 사람들이 바울과 바나바를 돌로 치려고 함
14:3-6

바울은 돌에 맞아 루스드라 밖으로 버려짐
14:19-20

바울과 실라는 매 맞고 체포됨
16:20-24

신자들이 야손의 집에서 끌려감
17:5-9

바울은 예루살렘에서 체포됨
21:27-36

바울은 재판을 받고 거짓 고소당함
24:1-9

성경의 사건과 이야기

다메섹으로 가는 길

사도행전과 사도 서간이라 불리는 초대교회의 편지들은 열심 있는 다소의 바리새인 사도 바울의 인생에 대해서 말한다행21:39; 23:6-9; 26:5. 성경을 통해, 사울이 바리새인이 되기행23:6 전 가말리엘 문하에서 공부하였다행22:3는 것을 알 수 있다. 사울은 하나님의 율법을 최선을 다하여 지켰다갈1:14. 성경에서 바울은 스데반이 돌 맞아 죽을 때 고소자들이 그의 발 앞에 옷을 놓는 장면에서 처음 등장한다. 사도행전의 저자는 사울이 돌로 스데반의 처형을 인정한 사실을 강조하고 있다행7:54-8:1.

스데반이 죽을 때, 사울은 교회를 없애기 위해 신자들을 집집마다 찾아다니며 감옥에 보내려고 한다행8:3. 그는 유대 당국으로부터 다메섹으로 가서 신자들을 예루살렘으로 끌고 올 권한을 위임받았다행9:1-2.

사울이 다메섹으로 가는 길에, 하늘로부터 그에게 빛이 비추어 그를 엎드리게 한다. 그는 목소리를 듣는다. "사울아 사울아 네가 어찌하여 나를 박해하느냐?"행9:4. 사울은 당신이 누구냐고 물었고, 예수님께서는 당신을 계시하신다. 그때, 예수님께서는 그에게 다메섹으로 가서 다음 지시를 받으라고 명하신다행9:5-6.

사울을 수행한 사람들은 그 소리를 들었지만 예수님을 볼 수는 없었다. 사울은 땅에서 일어날 때 시력을 잃는다. 사람들은 그를 다메섹으로 인도하고, 그는 3일간 금식을 한다행9:7-9. 사울은 예수님이 가라고 명령한 곳에서 기도하며 기다린다. 기도 중에, 그는 환상 속에서 그에게 안수하여 시력을 회복시킬 아나니아라는 사람을 본다행9:10-12.

아나니아가 곧 도착하여 사울에게 예수님이 그의 시력을 회복시키고 성령으로 충만케 하기 위해 자

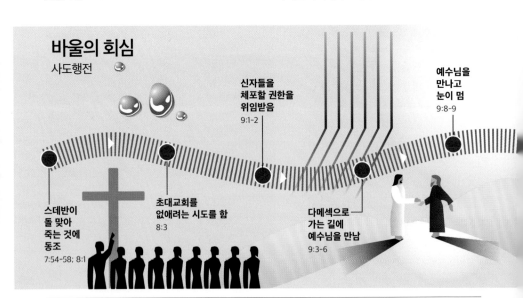

바울의 회심
사도행전

스데반이 돌 맞아 죽는 것에 동조
7:54-58; 8:1

초대교회를 없애려는 시도를 함
8:3

신자들을 체포할 권한을 위임받음
9:1-2

다메섹으로 가는 길에 예수님을 만남
9:3-6

예수님을 만나고 눈이 멈
9:8-9

신을 보냈다고 말한다. 아나니아가 기도하는 중에 사울의 눈에서 비늘 같은 것이 벗겨지고, 그의 시력이 회복되며 성령 세례를 받는다행9:17-19. 그 즉시 사울은 예수님의 메시지를 다메섹의 회당에 전파한다행9:20.

회심 후에, 사울은 자신의 히브리어 이름을 로마식 이름인 바울로 바꾼다. 바울은 사도로서 전 세계에 복음을 전하고, 이방인들에게 복음을 전파한다. 바울은 바나바, 마가, 실라, 그리고 디모데와 함께 소아시아에 교회를 세우고, 후에 초대교회들에게 보내는 여러 통의 편지들을 쓴다바울의 서신서 목록은 아래의 표에서 참조.

성경의 저자들
성경을 많이 저술한 10명

저자/장수

모세: 창세기, 출애굽기, 레위기, 민수기, 신명기의 대부분, 시편 한편
187

에스라: 역대상하, 에스라, 느헤미야
88

사도 바울: 로마서, 고린도전후서, 갈라디아서, 에베소서, 빌립보서, 골로새서, 데살로니가전후서, 디모데전후서, 디도서, 빌레몬서
87

다윗: 대부분의 시편
78

이사야: 이사야서
66

예레미야: 예레미야서, 예레미야애가, 열왕기상하(추정)
57+

누가: 누가복음, 사도행전
52

솔로몬: 대부분의 잠언, 전도서, 아가서, 시편 두 편
51

사도 요한: 요한복음, 요한일, 이, 삼서, 요한계시록
50

에스겔: 에스겔서
48

*성경의 일부 저자에 대해서는 주장이 엇갈림

성경의 사건과 이야기

바울의 선교 여행

하 나님께서는 바울에 대하여 다음과 같이 말씀하신다. "이 사람은 내 이름을 이방인과⋯⋯이스라엘 자손들에게 전하기 위하여 택한 나의 그릇이라"행9:15. 바울의 생애는 교회의 박해자를 최고의 선교사로 변화시키시는 하나님의 능력을 보여준다. 바울은 몇 년에 걸쳐 로마 제국의 지역 대부분을 여행하였고, 사람들을 가르치며 신약성경의 13권을 저술하는 사역을 했다.

1차 선교 여행

바울의 1차 선교 여행은 그의 회심으로부터 13년 후인 서기 47년경, 안디옥에서 시작된다. 제자들이 금식하며 예배드릴 때 성령이 나타나 "내가 불러 시키는 일을 위하여 바나바와 사울을 따로 세우라"라고 그들에게 말씀하신다행13:2. 제자들은 금식하고, 기도한 뒤 바나바와 바울에게 안수하고, 이들을 복음을 전파하러 보낸다행13:3. 두 사람은 마가 요한 또는 요한이라고도 불리는 바나바의 조카를 데리고 실루기아를 거쳐 구브로 섬에 도착하고, 이 섬의 도시인 살라미와 바보에서 복음을 전한다행13:4-6. 바울, 바나바, 그리고 마가는 먼저 살라미의 회당에서 복음을 전한다행13:5. 그들이 바보에 도착하자, 총독 서기오 바울은 하나님의 말씀을 듣고자 바울과 바나바를 부른다. 그런데 총독을 시중들던 유대인 술사가 그들에게 맞선다. 바울이 술사를 책망하는 순간, 술사는 눈이 멀고 만다. 서기오 바울은 이 기적을 보고 하나님을 믿게 된다행13:6-12.

바울 일행은 바보를 떠나, 갈라디아의 남쪽 해안에 있는 버가로 향한다. 버가에서 마가 요한은 바울과 바나바와 헤어져 예루살렘으로 돌아간다행13:13. 이들은 이후 비시디아 안디옥으로 가고, 바울은 그곳의 회당에서 설교한다. 이방인들과 유대인들

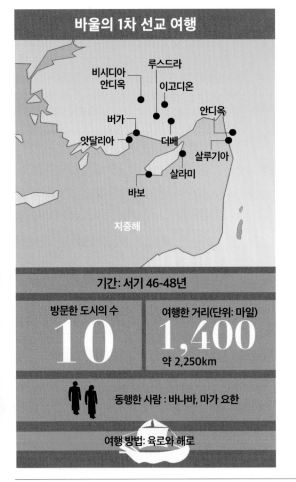

바울의 1차 선교 여행

비시디아 안디옥
루스드라
이고디온
안디옥
버가
더베
앗달리아
살루기아
바보
살라미

지중해

기간: 서기 46-48년

방문한 도시의 수
10

여행한 거리(단위: 마일)
1,400
약 2,250km

동행한 사람 : 바나바, 마가 요한

여행 방법: 육로와 해로

은 그의 메시지를 듣는다. 사람들은 복음을 받아들이고, 도시의 대부분의 사람들이 바울과 바나바의 설교를 듣기 위해 모인다. 이들의 높은 인기를 시기한 유대인들은 바울을 배척하기 시작한다^행 13:45. 이들이 바울과 바나바의 메시지를 거부하자, 바울과 바나바는 이들 대신 이방인들에게 복음을 전하기 시작한다. 이때 바울은 이사야 49장 6절을 인용한다. "내가 너를 이방의 빛으로 삼아 너로 땅 끝까지 구원하게 하리라"^{행13:46-48}.

바울과 바나바는 이고니온, 루스드라, 더베를 다니면서 예수님이 메시아임을 전파한다.

바울이 태어날 때부터 절름발이었던 자를 고치는

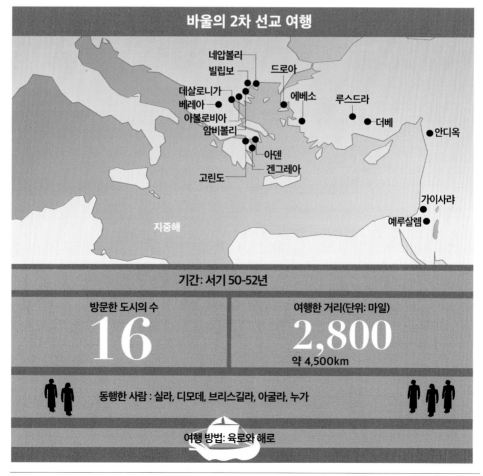

바울의 2차 선교 여행

네압볼리
빌립보
드로아
데살로니가
에베소
루스드라
베레아
아볼로니아
더베
암비볼리
안디옥
아덴
겐그레아
고린도
지중해
가이사랴
예루살렘

기간: 서기 50-52년

방문한 도시의 수	여행한 거리(단위: 마일)
16	**2,800** 약 4,500km

동행한 사람 : 실라, 디모데, 브리스길라, 아굴라, 누가

여행 방법: 육로와 해로

것을 보고 루스드라의 사람들은 그와 바나바를 신으로 여겨 제사를 드리고자 한다. 하지만 사람들은 결국 이들을 돌로 쳐 죽이려고 했고, 바울이 죽은 줄로 알고 버리고 떠난다행14:8-20.

선교 여행에서 돌아가는 길에, 바울과 바나바는 제자들의 믿음을 굳게 하고, 새롭게 세워진 교회에 장로들을 임명하기 위해 복음을 전하였던 도시들을 방문한다. 그리고 이들은 자신들을 파송한 수리아 안디옥 교회로 돌아가 선교 여행의 결과를 보고한다행14:24-28.

2차 선교 여행

바울과 바나바는 선교 여행 중 마가와 같이 갈지에 대하여 의견이 서로 대립된다. 바나바는 끝내 마가와 함께 떠나고, 바울은 새로운 동료인 실라와 다른 길로 떠난다. 바울은 또한 디모데, 브리스길라와 아굴라, 그리고 누가와도 함께 한다. 누가는 이후 사도행전을 통해 바울의 사역을 자세히 기록한다. 바울은 바나바와 함께 세운 비시디아 안디옥, 더베, 그리고 루스드라의 교회를 방문한다. 그곳에서, 이들은 소아시아의 서쪽 해안에 있는 드로아로 간다. 드로아에서 바울은 환상 속에서 자신에게 도움을 청하는 마게도냐마케도니아 사람을 본다. 바울은 이 환상을 따라 갈라디아와 그리스의 16개 도시를 방문하고, 복음을 전파하고, 교회를 세운다. 그리스의 도시 빌립보에서 바울과 실라는 옥에 갇히나 기적적으로 풀려나고, 간수와 그의 가족들이 회심하게 한다행16:16-34.

3차 선교 여행

바울은 디모데와 누가를 데리고 3차 선교 여행을 떠나, 갈라디아, 브루기아, 그리고 에베소의 교회를 방문한다. 그는 에베소에 약 3년간 머물면서 여러 통의 편지들을 쓰고, 이들은 후에 신약의 서신

서가 되었다.

에베소에 있는 동안, 바울의 사역 때문에 그곳에서 장사하는 사람들의 수입이 곤두박질친다. 그들은 아데미아르테미스, 혹은 다이아나 여신상을 만들어 돈을 벌고 있었다. 벌이가 줄자, 데메드리오라 하는 은세공인이 장인들을 모아 폭동을 일으키고, 바울의 동역자들을 붙잡는다행19:23-41. 이 일로 결국 바울은 이곳을 떠나게 된다. 바울은 이곳을 떠나면서, 주변의 간곡한 반대에도 불구하고 그가 고난당하고 옥에 갇히리라고 하나님께서 이미 계시하여 주신 예루살렘으로 갈 것이라고 밝힌다행20:13-37.

거룩한 성, 예루살렘으로

바울과 그 일행들은 예루살렘으로 가던 중에 마게도냐와 드로아에 들린다. 이들이 드로아에 있을 때, 한 청년이 바울의 설교를 듣다가 창문에서 떨어져 죽는다. 바울은 죽은 젊은 청년을 되살리는 기적을 행한다.

바울은 예루살렘에 도착해서 야고보 및 다른 교회 지도자들과 함께하는 시간을 갖는다. 이전에 바울은 회심한 이방인들에게 유대인의 예식을 요구하는 것에 대하여 강력하게 반대하는 입장이었지만, 거룩한 도시 예루살렘에서는 개종한 유대인들의 기분을 상하게 하지 않기 위해 장로들이 요구한 대로 유대인의 구약의 율법에 따라 정결 의례를 받는다. 바울이 성전에 들어갔을 때, 일부 유대인들이 그가 이방인을 성전에 데리고 들어갔다고 오해하여, 그를 죽이려고 한다. 로마의 군인들이 바울을 구하고, 그가 대중들에게 설교하는 것을 허락한다. 이 사건이 더 큰 소요로 이어지자, 바울은 체포된다. 로마의 장교가 바울을 채찍질하라고 명령하지만, 바울이 자신이 로마의 시민이라는 사실을 밝히자, 로마의 시민을 함부로 취급하면 안 되

는 법을 어긴 것 때문에 두려워한다행 21-22장.

권력의 중심, 로마로
바울을 체포한 자들은 바울을 가이사랴로 호송한다. 거기서 바울은 옥에 갇혀 두 번의 재판을 받는다행 24-25장. 두 번의 재판에서, 총독은 바울에게

그가 예루살렘에서 소요를 일으키려고 했는지 묻는다. 자신을 죽이려고 하는 유대인 무리들의 의도를 안 바울은 로마 시민의 권리로 가이사에게 상소하여 로마로 이송된다. 가택 연금을 당한 바울은 여러 통의 편지를 썼고, 교회 전승에 따르면 결국 순교하였다고 전해진다.

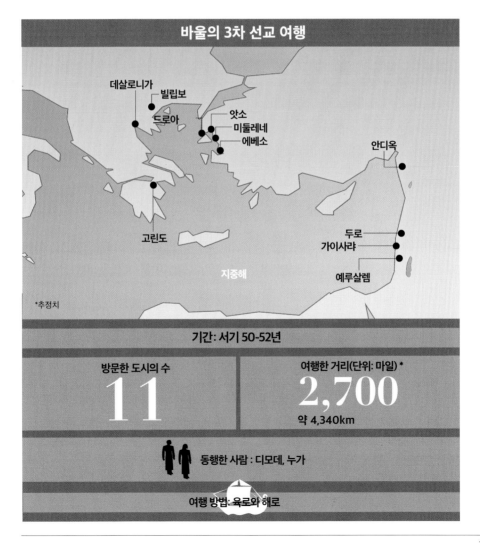

바울의 3차 선교 여행

데살로니가 · 빌립보 · 드로아 · 앗소 · 미둘레네 · 에베소 · 안디옥 · 고린도 · 두로 · 가이사랴 · 예루살렘 · 지중해

*추정치

기간: 서기 50-52년

방문한 도시의 수
11

여행한 거리(단위: 마일) *
2,700
약 4,340km

동행한 사람 : 디모데, 누가

여행 방법: 육로와 해로

새 예루살렘

요한계시록은 사도 요한이 에게 해에 있는 그리스의 작은 섬 밧모에 유배당했을 때 본 환상과 예언으로 이루어져 있다. 환상의 대부분은 인류의 종말과 궁극적인 운명에 초점을 맞춘다.

이전에, 예수님이 이 땅 위에서 제자들과 있으실 때 거처할 곳이 많은 아버지의 집에 대하여 설명해 주셨다. 예수님께서는 제자들에게 살 곳을 예비하러 가신다고 말씀하셨다요14:1-3. 계시록에서, 하나님께서는 요한에게 당신과 예수님을 구주로 영접한 자들을 위하여 예비하신 그곳을 면밀하게 보여주신다.

"마지막 일곱 재앙으로 가득 찬 일곱 대접을 가진 일곱 천사 중 한 천사"계21:9는 요한을 데리고 이 성을 안내하고, 요한은 그 주요 특징을 기록한다. 요한은 밤이 없는 새 예루살렘의 성문들이 항상 열려 있고, 열두 문에 열두 천사가 있으며 그 문들 위에 열두 지파의 이름이 있는 것을 본다. 또한 성곽에는 열두 사도의 이름이 새겨진 열두 초석이 있다계21: 9-14.

요한을 안내하는 천사가 금으로 된 자를 가지고 그 성을 측정하니 넓이, 길이, 그리고 높이는 12,000스다디온 혹은 1,400마일약 2250km이고 성곽의 두께는 200피트약 60m이다. 놀랍게도 이 성은 정육면체 모양이다 계21:16-17, 각종 귀금속과 보석들이 새 예루살렘을 장식하고 그 길은 맑은 유리 같은 정금으로 만들어졌으며계21:18, 21, 성곽은 흠 없는 벽옥으로 되어 있고계21:18, 초석은 각색 보석으로 꾸며져 있으며계21:19-20, 각 문마다 한 개의 거대한 진주가 새겨져 있다계21:21. 새 예루살렘의 모든 부분이 하나님의 영광으로 빛나니, 해와 달과 그리고 모든 인위적 빛이 쓸 데가 없으며 그림자조차 없다계21:23; 22:5.

새 예루살렘에서는 하나님의 어린 양이신 예수 그리스도와 함께 계신 전능하신 하나님만이 유일한 성전이다계21:22. 요한은 어린 양의 생명책에 그 이름이 기록된 사람들만이 새 예루살렘에 들어갈 수 있다고 기록한다계21:27. 생명수의 강이 하나님과 어린 양의 보좌로부터 솟아나와 정금으로 된 길 가운데로 흐른다. 생명수 강 좌우에 달마다 새로운 열매를 맺는 생명나무가 있다.

계시록에 묘사된 종말의 때, 하나님께서는 우주의 완전한 질서를 세우실 것이다. 하나님 홀로 새 예루살렘을 다스리시고, 모든 신실한 자들은 하나님을 받들게 된다. 요한의 환상은 하나님의 백성들과 하나님이 마침내 이룰 직접적인 만남을 계시하고 있다. 이 성의 모든 하나님의 자녀들의 이마에 그 이름이 쓰이게 된다. 새 예루살렘은 그 무엇과도 비교할 수 없는 풍성함, 경배, 그리고 하나님의 임재로 가득 차 있어 상상을 초월한 새로운 궁극의 안식처가 된다. 거기서 하나님의 백성들은 하나님 나라에 속한 생명을 즐기며, 하나님께서는 백성들의 모든 눈물을 닦아 주실 것이다.

"다시는 사망이 없고, 애통하는 것이나 곡하는 것이나 아픈 것이 다시 있지 아니하리니 처음 것들이 다 지나갔음이러라" 계22:4.

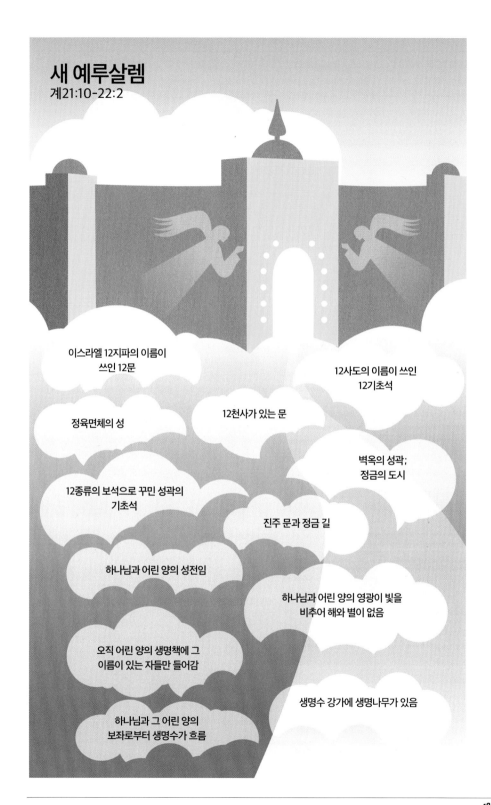

새 예루살렘
계21:10-22:2

이스라엘 12지파의 이름이
쓰인 12문

12사도의 이름이 쓰인
12기초석

정육면체의 성

12천사가 있는 문

벽옥의 성곽;
정금의 도시

12종류의 보석으로 꾸민 성곽의
기초석

진주 문과 정금 길

하나님과 어린 양의 성전임

하나님과 어린 양의 영광이 빛을
비추어 해와 별이 없음

오직 어린 양의 생명책에 그
이름이 있는 자들만 들어감

하나님과 그 어린 양의
보좌로부터 생명수가 흐름

생명수 강가에 생명나무가 있음